愛情
婚姻
家庭

LOVE

寫在書前

我為什麼寫文章

有人問我，為什麼要如此勤奮的書寫文章？我都會回答：「因為我要記錄我自己的人生。」其實，除了這個理由，我還有一個不為人知的原因，就是想留下一些東西給別人。

每一個人在活著的時候，總會追求某些理想。有人在追求金錢；有人在追求權力；有人在追求知識；有人在追求名譽；有人在追求感情；有人在追求創造。每一個人都會擁有一些東西；都會留下一些東西。

退休之前，我曾經追求過專業的知識，也追求過金錢的賺取。知識是教學的工具；金錢是生活的必需，兩者皆是維持幸福人生的必要條件。我曾經努力過，也曾經擁有過。

退休之後，我不再需要專業知識，也不再需要金錢的賺取。我需要的是健康的身體以及悠閒的生活。於是，我開始關心健康問題和學習醫學的常識。同時，也開始關注旅遊景點和籌劃旅遊行程。在過去的日子裏，我確實享有生活的樂趣與人生的意義。

七十歲之後，在一次定期健康檢查中，發現身體有點小狀況，而入院觀察。這是我生平第一次住院，也是第一次感受到生命的無常。心想，如果就這樣子離開了，雖然無法帶走任何東西，但是，能留下什麼東西？我該如何向自己證明，我曾經擁有過什麼？我能夠留下些什麼？

我看到有許多人，留下豐功偉績；留下億萬財富；留下豐富著作；留下經典名曲；留下藝術作品；留下美好名聲。然而，平凡的自己到底能留下什麼呢？如果就這樣悄悄地走了，自己不就白來了此世，白活了此生？

我開始清點自己能夠留下的東西。除了曾經出版過 7 本書籍之外,還有 2 本尚未出版的書籍。但是,這些書籍都是為大學生和專業人士所寫,一般人不會有興趣閱讀,即便有興趣閱讀,也不會有所感動或是留下記憶,也無法從書中獲得實質的幫助。

在我過去的人生中,有過豐富的經歷;有過跨學科的教育;有過整合性的思想;有過寫作的訓練。如果能夠將這些體驗好好整理,並用文字記錄下來,應該可以留給後人參考。這可能就是我唯一能夠留下的東西吧。

四年前,我終於鼓起勇氣,開始書寫文章。在我的思想體系中,有人生、社群、經濟與政治四個領域。我可以就這四個領域,分別介紹自己的理念與思想。為了方便人們閱讀和記憶,我將文章分為短篇文章、人生雋語和詩文三種類型。這些文章都是簡單易懂,而且都與現實生活息息相關。一般人應該都能了解,也能分享我的思想。

這四年來,我每天都努力在寫作,已經寫了千篇以上的文章。我想這就是我此生唯一可以留下的東西。若有一天,我離開了人世,就請你留住我的一篇文章;請你留住我的一則短句;請你再度憶起我這個人;請你再度思索這個人的思想。

我如何寫文章

我寫文章真的很簡單又很開心。我只是把心中所想的東西,用文字表達出來而已,既不汲汲探索,也不咬文嚼字。基本上,我寫的文章有三個基本結構:第一是在一個主題下,設定定義與原理;第二是在基本原理下,構思文章的要點;第三是在邏輯推理下,建構文章的內容。

每天早上,我都會從報紙的報導和副刊的文章中找主題。譬如說,看到疫苗的報導,我就想寫一篇以疫苗為主題的文章;看到關於愛情或婚姻

的文章，我就想寫一篇以愛情或婚姻為主題的文章。報紙每天都有各種新奇的報導和文章，我就會用各種不同的主題寫文章。我只有寫不完的文章，沒有寫不出的文章。

文章主題的定義必須明確，才能進行內容的構思。我常採用文義性的定義，比較不會引起爭議。我偶爾也會採用操作性定義，方便我構思獨特的想法。主題的定義是文章的基礎，若不界定清楚，讀者就無法了解文章的意境和作者的心境。

我常在走路的時候、搭車的時候、泡湯的時候、睡前醒後的時候，構思文章的內容。我會以主題為核心，一圈圈地思索，一層層地建構。我會鎖定相關的問題，不會離題太遠，以免浪費我的思緒。在開始寫作之前，我會用學術性的演繹邏輯，將文章內容有順序的排列，好讓內容前後一致，沒有矛盾或衝突。一開始寫作，我就會按照順序的內容，用文字將想法寫出來。

我寫文章會重視文字的音韻之美，不太在意文字的美文麗詞。我會注意每一個句子字尾的押韻，好讓讀者唸得順暢。我會使用簡單的文字，好讓讀者一目瞭然。

我寫文章，會將文章的核心想法放在結論。讀者只要讀到結論，就可以了解我的主要想法。我會提出一些呼籲或是建議，讓讀者有所借鏡。

四年前，在我的第一篇文章中，就揭櫫相對論、調和論和最適論的核心思想以及人生、社群、經濟與政治四個體系的價值原理。這些思想原理就是我思索和撰寫文章的基本依據。我的思路偶爾會偏離這些思想原理，但是，我總會立刻走回正軌。

我有我自己的核心思想；我有我自己的寫作風格；我有我自己的文字偏愛。我知道我的文章有獨特性與難懂性。除非讀者懂得我的思想原理，否則，就容易誤解我的文意。除非讀者認同我的寫作風格，否則，就難以了解我的心意。

我的文章只有三種格式：第一是千字以下的短文；第二是百字以下的雋語；第三是規則性的詩文。在過去四年裡，我寫了五百多篇的文章和五百多則的雋語以及近百首的詩文。除了部分文章沒有公開之外，大部分文章都有與我指導過的同學分享。

自始迄今，我堅守自己的核心思想與價值原理，每天孜孜不倦的寫作。我寫的文章雖然很少被認同或是被讚美，但是，我依然肯定自己，絕不放棄。有時候，我會仰望夜空裏的星辰，感受那遙遠的孤寂與冷落。畢竟太少人會觀測星星的存在；太少人會欣賞星星的璀璨。這或許就是自然；這或許就是宿命；這或許就是永遠解不開的謎。

如何閱讀我的文章

寫作的樂趣在於表達自己的想法；閱讀的樂趣在於分享作者的思想。作者希望自己的作品能被肯定和接受；讀者希望能從作者的作品中得到知識和道理。我們都會要求作者要寫出好作品，卻很少要求讀者要懂得欣賞好作品。如果讀者缺乏閱讀的素質，再好的作品也難以獲得肯定。因此，讀者的閱讀和作者的寫作一樣重要。

每一個人都依據自己的思想原理或核心價值，去判斷人事物或社會國家的是非善惡或正不正義。當我們在閱讀一本書或一篇文章時，如果作者對人生問題或社會現象的想法，符合自己的思想原理或核心價值，就會認同、就會支持、就會讚美，否則，就會不爽、就會反對、就會批評。思想原理或核心價值都是人的道理，不是神的真理；都有欠缺，沒有完美；都可以被批判，不能不被檢驗。問題是，要批判別人的思想，就必須了解別人的思想，也要具有自己的思想，並以理性的態度，去批判別人的思想。讀者必須仔細閱讀別人的文章，才能了解別人的思想；必須思索和建構自己的思想，才能批判別人的思想。

文章的作者有義務告知讀者自己的思想原理；讀者也有責任了解作者的思想原理。如果不了解作者的思想原理，只從作者的文章內容中去理解，

可能會產生不當的誤解。譬如說，如果不知道作者的生命觀，只從他贊成或反對墮胎或死刑的文章去解讀，就可能產生偏頗的批判。這樣對自己的閱讀沒有幫助；對作者的用心卻有傷害。

如果你有興趣閱讀我的書籍，就請先閱讀我的思想原理。在了解我的思想原理之後，才去閱讀各篇的文章。這樣你才能了解，我為什麼會那樣書寫；這樣你才能懂得我的文意與心意；這樣你才能得到閱讀的樂趣。

當你在閱讀《幸福人生》這本書時，請先閱讀我對生命、人性、生活與人生的基本想法以及我對幸福原理的詮釋。然後，再閱讀我對健康生活、經濟生活、文化生活、信仰生活、社群生活、以及老年生活的各種觀點。

當你在閱讀《愛情 ‧ 婚姻 ‧ 家庭》這本書時，請先閱讀我對愛情與婚姻的基本想法以及我對家庭原理的詮釋。然後，再閱讀有關愛情、婚姻與家庭的各篇文章。

當你在閱讀《社會正義與社會評論》這本書時，請先閱讀我對思索與思想的詮釋以及個人道德與社會正義的思想原理與核心價值，然後，再去閱讀社群評論、經濟評論與政治評論的各篇文章。

每一本書的每一個章節都有個別的主題，你可以依照自己的喜好挑選閱讀，不必按順序閱讀。你可以一次讀一篇文章或數篇文章，也可以一口氣閱讀一個章節。由於文章源自相同的思想原理，你可以在不同主題的文章中，發現相同思想的影子。例如，在幸福的相關文章中，讀到生活美學的思想；在經濟相關的文章中，讀到自由主義的思想；在社會相關的文章中，讀到道德正義的思想。

我是用簡單易懂的文詞，表達自己的想法和意見。雖然我不精於寫作技巧，也不善長美麗詞藻，但是，還是會要求自己盡量簡潔和通順，相信讀者應該不會有閱讀上的困難。

閱讀我的文章，要想想我的想法與一般人的想法有什麼不同；要想想為什麼我會有這種想法；要想想這種想法有什麼正面的意義？當你完

全了解我的思想之後，再去思索自己的想法；再去評論我的想法；再去修正自己的思想。

《幸福人生》、《愛情 · 婚姻 · 家庭》、《社會正義與社會評論》這三本書是我第一次書寫的非專業性書籍。不管成功還是失敗，都是我人生中重要的挑戰。如果你能耐心的讀完這三本書，相信可以了解我對人生、情愛與社會的思想原理以及我寫這些文章所依據的道理。我的思想原理只是我個人的道理，不是普世的價值。你可以認同，也可以反對；可以沉默以對，也可以大肆批判。如果你願意與我一起討論、一起分享、一起成長，那將是我最大的福氣與感謝。

或許你會將我的文章視為冬天裡殘枝敗葉的疏離；或許你會將我的文章視為春天裡盛開玫瑰的親近。或許你會敞開大門，迎接我進門；或許你會開一扇小窗，讓我悄悄進入；或許你會緊閉門窗，把我排拒在外。不管你如何看待我的文章，我都希望，你能在忙碌和迷惑的生活中，留下一些時間，把自己深鎖在獨自一人的世界裡，靜靜地閱讀、思索、自問與了悟，直到完全明澈。

開心出書

我通常都在手機上寫文章，然後，將文章儲存在 Keep 中。有一天，手機竟然無法充電，必須送修，而且需要一兩個禮拜的修理期間。更扯的是他們無法保證 Keep 裡的文章一定可以保存。我驚訝之餘，趕緊買一個新手機，把文章轉到新手機，才放了心。

這件事引發我趕緊出版這些文章的動機。如果這幾年辛苦書寫的文章，在瞬間化為烏有，將會讓我心痛欲絕。於是，在去年底就決定將這些文章出版，而在今年初開始著手整理。

我決定出版這三本書的另一個動機，就是要把文章修正得更好些。最初，我寫文章的目的，只是想與我指導過的研究所同學分享，一起思索，共同

成長。當我寫完一篇文章，就會迫不急待 PO 給同學參考。有時候，在匆忙中，還會有錯字誤詞，甚至詞不達意。但是，我只想抒發自己的想法，也就不在意了。如果不出書，我就不會修正，文章就會永遠留下瑕疵。

此外，我還有一個出書的動機，就是想與不認識我的人分享我的思想。我原本只是想與同學分享思想，沒有要與其他人分享。剛開始的時候，同學的反應很好，回饋很多，而我也很熱心的回答各種質疑。可是，日子久了，同學們漸漸失去耐心，慢慢冷卻不回饋了。後來，我也逐漸不將每篇文章都 PO 到群組上。有時候，我只能獨自欣賞自己的文章。

我曾經寫過一篇《無人欣賞就沒有價值》的文章，說明無人欣賞的文章，對作者雖有意義，對讀者則不一定有價值。如果要讓自己的文章變得有意義和有價值，就必須與別人分享，並取得別人的認同與支持。於是，我決定出版這三本書，拿到社會上，讓不認識我的人評論或分享。

我知道，如果為了獲得別人的掌聲而寫作，就會顧慮別人的感受和反應，而喪失自己的本體性，使文章偏離自己的原意。因此，我在寫作時，完全不考慮別人的想法或感受，而只憑著自己的思索和思想撰寫文章。我開心寫作；開心出書；開心提供給別人參考。

對我來說，這三本書的出版是我第一階段寫作人生的結束。接著，就要邁入第二階段的寫作人生。我希望自己能夠成為一個不斷追求理想的作者 (author)，而不是一個追求名聲的作家 (writer)。作者是作品的創作者；作家是以寫作為職業的人。作者屬於自己的世界；作家屬於別人的世界。

寫作是我的樂趣。我在快樂中寫作；在寫作中快樂。我喜愛自己的生活；我慶幸自己的人生。只要生命存在一天，我都會做一個自信高雅的人。只要大腦還能思索，手指還能書寫，我就會做一個有思想的作者。

出書是一件快樂的事，讀書也是一件快樂的事。作者要快樂寫好書，讀者要快樂讀好書。有快樂的作者，才有快樂的讀者；有快樂的讀者，才有快樂的作者。希望這三本書能幫助讀者成長；希望這三本書能帶給讀者快樂。

人生開心就好。不管是做人做事；不管是說話寫文；不管是成功失敗；不管是富貴貧窮，只要自己開心就好。

我開心的寫文；我開心的出書。此時此刻，我擁有了自己；我肯定了自己。我終於體會了無求無憂，怡然自得的道理。

感謝有你

出書是長期努力的成果。不管能否獲得讀者的認同或肯定，出書都是一種喜悅；一種自我的滿足。自己所寫的文章就像自己所生的孩子一樣，父母永遠不會嫌棄自己的兒子笨，或是自己的女兒醜。如果自己的文章能夠獲得一點掌聲，就會像有人讚美自己的子女一樣，令人安慰，也讓人開心。

出版這三本書的目的，是要證明自己在退休之後，還有思索和寫作的能力，也要為自己的人生留下一點紀錄與回憶。當然，我也希望別人能夠分享我的思想，並給我一些回饋或批判。如果這三本書能夠獲得讀者的共鳴，或是社會的評價，我未來的寫作之路就能走得更順利、更快樂。

我知道，一般人對這三本書，可能不會有多大的興趣。即使有興趣閱讀，可能也不太能理解文中的意義。即便能夠理解文中的意義，可能也難以認同或接受。但是，我還是衷心期盼，有人願意購買我的書籍，閱讀我的文章，甚至還會回饋或是批判我的思想。若能如此，將是我一生中，最值得感謝的人和最值得欣慰的事。如果沒有這樣的人，也沒有這樣的事，我也會默默承受，繼續努力，撰寫更好的作品。

我早期的文章都曾經在同學群組裡分享，也獲得許多回饋。張燕紅、曾志文、韓敬富、王偉庸、姜淑芸、李翠齡、呂芬芳、周珮綺、陳玉玫等同學都曾經回饋過我的文章，也給我很多不同的意見。雖然我常會護衛自己的思想，批評同學的想法，但是，我常在反思之後，修正自己的思維。我的確受益良多，也心存感激。

珮綺同學在我寫作的過程中，幫我的文章編印成兩大冊和一小冊，方便我查閱。此外，她也經常坦誠的告訴我，她讀完文章之後的感想，並給我意見，對我幫助很大，也讓我由衷感謝。

玉玟同學不僅幫我與出版社接洽，也幫我整理文章，編輯成冊，還悉心幫我修正錯別字，再交由出版社付梓。這三本書的問世，都要歸功玉玟同學的熱心協助與無怨的付出。如果沒有她的協助，這三本書將無法如期出版。玉玟自己也有出書的經驗，所以能夠有效而順利地完成這三本書的出版。我除了感謝，還是感謝。

內人楊淑鈺一直默默支持我寫作，幫我打點家庭大小事，讓我有時間寫作。她偶爾也會給我一些點子，讓我能夠深入思索，寫出較周延的文章。我也要說一句：謝謝老婆。

我最要感謝的就是神的恩賜，讓我擁有一顆思索的心靈和與眾不同的靈感。如果這三本書能夠得到些許的共鳴或讚美，這份榮耀就完全歸於神的恩典。

其實，我每天都在感謝人。當大樓管理員對我說早安；當超市店員對我說謝謝；當朋友傳來一則祝福的訊息；當好友對我說有你真好，我都充滿感激。你聽不到我的感謝，但是，我真的把對你的愛，藏在自己的心裡；寫在自己的文章裡。

相遇是緣分，相知是心意。相遇不一定能相知，相知不一定能相遇。若能相遇相知，就是人際關係的最高境界。藉由思想的交流與分享，可以將相遇的人變成相知；可以將相知的人變成相遇。在你的閱讀中，無形的拉近了你與我之間的距離。因為有你，讓我的思想不再孤單，也讓我感到人間的溫馨。感謝有你的相遇；感謝有你的相知。我在思想的交會處，深深地感謝你。

目次

第一篇　緒論

第 1 章
男人與女人

01　男人與女人 I

2019/1/23

男人創造生命；女人孕育生命，男女的結合使人類的生存得以延續。男人有硬實力；女人有軟實力，男女的合作使人類的文明得以發展。男人使女人美麗；女人使男人勇敢，男女的配合使人類的生命得以光彩。

男人看女人是藝術品；女人看男人是保養品。男人追求自己的成就；女人追求家人的成就。男人以保護女人為傲；女人以被男人保護為榮。男人的特質是能力；女人的特質是魅力。男人多一歲多一分成熟；女人多一歲少一分青春。男人善於有形的報復與攻擊；女人善於無形的報復與攻擊。男人在冷酷的外表下隱藏著溫柔的本質；女人在溫柔的外表下隱藏著冷酷的本質。男人為頭髮少而苦惱；女人為頭髮白而苦惱。

好男人有三力：智力、財力和體力；好女人有三美：美貌、美德和美感。壞男人有三種：無知、小氣和暴力。壞女人有三種：刻薄、虛榮和邋遢。

有魅力的男人是有才能又風趣的男人；有魅力的女人是美麗又溫柔的女人。有男人味的男人是能讓女人一見鍾情的男人；有女人味的女人是能讓男人有性幻想的女人。令人難忘的男人是能溫柔對待女人的男人；令人難忘的女人是能撫慰男人童心的女人。

從男人的書櫃中，可以看出男人的品味；從女人的衣櫃中，可以看出女人的品味。有品味的男人適合有品味的女人；有品味的女人適合有品味的男人。有品味的男人和女人才能分享快樂；無品味的男人和女人只會分擔痛苦。

男人用金錢追求女人；女人用美色追求男人。男人為美色而背叛；女人為金錢而背叛。不會賺錢的男人與不懂美麗的女人一樣沒有吸引力。要做一個多金又有品味的男人；要做一個美麗又善良的女人。

男人沒有性就沒有愛；女人沒有愛就沒有性。男人想女人是想要；女人
想男人是想念。男人是用來被女人享有的，不是用來被女人擁有的；女
人是用來被男人享有的，不是用來被男人擁有的。

男人睜著眼睛談戀愛，閉著眼睛談婚姻；女人閉著眼睛談戀愛，睜著眼
睛談婚姻。男人在婚前會問：她愛我嗎？在婚後會問：我愛她嗎？女人
在婚前會問：我愛他嗎？在婚後會問：他愛我嗎？男人為家庭可以犧牲
愛情；女人為愛情可以犧牲家庭。

如果女人依然堅持貞操，不敢大膽示愛，不能享受性愛；如果女人依然
以夫為貴，三從四德，主張男主外女主內；如果女人依然需要男人的保
護與贈與；如果女人依然需要政府的福利與保障，男人和女人就無法達
成真正的平等與平權。

男人需要女人，女人也需要男人。沒有男人的世界和沒有女人的世界一
樣不可思議。沒有女人的男人和沒有男人的女人都不會有高度的幸福。
你可以不戀愛，也可以不結婚，但是，在你的生活中，不能沒有異性的
陪伴。

02　　男人與女人 II

2021/5/31

男人與女人是相對的存在，必須相互理解與調和，才能獲得均衡與和諧。
男人不能以強者的姿態欺負女人；女人不必以弱者的姿態順從男人。男
人與女人要以平等的立場相互對待。

男人要了解女人，才能愛女人；才能被女人愛。女人要了解男人，才能
愛男人；才能被男人愛。了解不僅要了解優點，也要了解缺點。世上沒

有十全的男人，也沒有十美的女人。你要欣賞對方的優點，也要包容對方的缺點。如果你只了解對方的好，不了解對方的壞，就是不了解對方。

有人說，男女相處久了，看透了，就會暴露缺點，就會嫌棄對方。如果不嫌棄，才是真心愛對方。其實，如果真的了解對方，就能懂得對方的優點與缺點，不會因相處久了，看透了才會了解。

大多數的男人都不太了解女人；都以男人的角度看女人。大多數的女人都不太了解男人；都以女人的角度看男人。男人與女人都重視表象，忽視本體；重視行為，忽視思想。男人總喜歡有美貌的女人；女人總喜歡有財富的男人。

男人有男人的特質與需求；女人有女人的特質與需求。男人常常不了解女人；女人常常不了解男人。男人往往以男人的眼光看女人；女人往往以女人的眼光看男人。

男人重視女人的美貌；女人重視男人的才能。要做一個有才能的男人，才能被女人愛；要做一個有美貌的女人，才能被男人愛。

男人有主動追逐的快感；女人有被動挑逗的快感。不會積極追逐的男人，得不到女人的愛；不會享受挑逗的女人，得不到男人的愛。

男人需要女人的溫柔；女人需要男人的體貼。男人要懂得體貼女人；女人要能對男人溫柔。能體貼的男人和能溫柔的女人才能彼此相愛。

不管是男人還是女人，都要有思想。如果雙方都沒有思想，男人只是男人，女人只是女人；男人永遠無法被女人愛；女人永遠不會被男人愛。

男人可以是獵人，也可以是獵物；女人可以是獵物，也可以是獵人。如果你是獵人，就要知道獵物的習性；如果你是獵物，就要知道獵人的劣勢。

男人與女人各有優缺點。男人要善用女人的優點，彌補男人的缺點；女人要善用男人的優點，彌補女人的缺點。

03　男人與女人 III

2020/5/9

1. 男人善於理性思考；女人善於情性思考。
2. 男人堅持己見；女人易於妥協。
3. 男人一心一用；女人一心多用。
4. 男人依賴自己；女人依賴別人。
5. 男人為工作而活；女人為家庭而活。
6. 男人重視愛情；女人重視親情。
7. 男人為愛人犧牲；女人為家人犧牲。
8. 男人因結婚而改變；女人因愛情而改變。
9. 婚前的男人以女友的美麗為榮；婚前的女人以自己的美麗為榮。
10. 婚後的男人以自己的成就為傲；婚後的女人以子女的成就為傲。

男人與女人的屬性不同，不能以相同的立場、角度或觀念，去看待對方，或是去要求對方。男人與女人是天生的一對。不管你喜歡與否，男人都是女人不能沒有的存在；女人都是男人不能沒有的存在。

04　好男人與好女人 I

2021/10/14

人人都想成為一個好男人或是一個好女人。但是，好男人或好女人並無一定的標準。好男人是女人認定的；好女人是男人認定的。男人認定的好男人，不一定是女人認定的好男人；女人認定的好女人，不一定是男人認定的好女人。

我們常常覺得自己是一個好男人或是一個好女人；別人也常常會認為你或妳是一個好男人或是一個好女人。但是，如果你的女人不認定你是一

個好男人，你就不是一個好男人。如果你的男人不認同你是一個好女人，你就不是一個好女人。

好男人需要好女人的認定；好女人需要好男人的認定。當好男人碰到一個壞女人，他永遠當不成一個好男人。當一個好女人遇到一個壞男人，她永遠當不成一個好女人。壞女人永遠碰不到一個好男人；壞男人永遠遇不到一個好女人。

你要問自己的女人，自己是不是一個好男人。你要問自己的男人，自己是不是一個好女人。如果你的女人不認為你是一個好男人，你就不要自稱自己是一個好男人。如果你的男人不認為你是一個好女人，你就不要自稱自己是一個好女人。

你不必要在一個壞女人面前，炫耀自己是一個好男人。你不必在一個壞男人面前，強調自己是一個好女人。你只要做好你自己，就別在意自己是不是一個好男人。你只要做好你自己，就別在乎自己是不是一個好女人。

男人和女人的價值觀不同。理論上，男人要用女人的價值觀評論女人，不能用男人的價值觀評論女人。女人要用男人的價值觀評論男人，不能用女人的價值觀評論男人。問題是，女人永遠不懂得男人的價值觀；男人永遠不了解女人的價值觀。因此，女人認定的好男人，不一定是真正的好男人；男人認定的好女人，不一定是真正的好女人。

如果男人自認自己是好男人，而自己的女人卻不認同，就會憤憤不平，甚至施以暴力。如果女人自認是好女人，而自己的男人卻不認同，就會受盡委屈，甚至心想離異。因此，不要認為自己是一個好男人，也不要認為自己是一個好女人，你或妳只要做一個好的自己就可以。

你或妳都不能評論別人是不是好男人或是好女人。別人也不能評論你或妳是不是好男人或是好女人。每一個人對於好男人或是好女人，都有自己的認定標準。你或妳只能說：某個男人或是女人符合或是接近你或妳的標準。你或妳不能說：某個男人是好男人；某個女人是好女人。

我曾經努力做一個好丈夫，但是，妻子不認同我的作為。我曾經努力做一個好教師，但是，學生不認同我的教學。我曾經努力做一個好作者，但是，讀者不認同我的思想。我不知道自己是不是一個好男人，我只能扮演好自己的角色，做好自己的工作，不能期待別人的認同。

其實，世界上根本沒有真正的好男人，也沒有真正的好女人。只要你或妳看得順眼，聽得順耳，他就是一個好男人；她就是一個好女人。同樣地，只要別人認同或是喜歡你，你就是一個好男人；你就是一個好女人。當你的價值觀改變了，你的好女人就不再是好女人；你的好男人就不再是好男人。當別人的價值觀改變了，你就不再是別人的好男人；你就不再是別人的好女人。閱讀至此，你還希望自己成為一個好男人嗎？你還渴望自己成為一個好女人嗎？

05　好男人與好女人 II

2020/12/10

男人與女人的身體、心智、價值觀、社會角色都不一樣。男人看女人與女人看男人，各有不同的角度；各有不一樣的偏好。男人喜歡的女人與女人喜歡的女人不同；女人喜歡的男人與男人喜歡的男人也不一樣。

男人與女人是互補的，不是獨立的，也不是替代的。男人需要女人；女人也需要男人。男人與女人是一體的存在，不是單獨的存在。男人不能替代女人；女人也不能替代男人。男人與女人必須有效配合；取對方之長，補自己之短；利用對方的優勢，增強自己的優勢。男女共存共榮的結果，就能彼此幸福美滿。

男人與女人雖然不同，但是，在社會上的地位和權利是平等的。男人與女人是合作的夥伴，不是對立的敵人。男人的剛和女人的柔；男人的粗獷和女人的細膩；男人的衝刺與女人的克制，可以合作無間，也可以完美配合。

男人的好是女人認定的；女人好是男人認定的。男人要問女人自己好不好；女人要問男人自己好不好。男人不能用自己的標準評斷自己的好；女人不能用自己的標準評斷自己的好。男人的好由女人說的算；女人的好由男人說的算。

世間對好男人與好女人並無明確的標準。但是，依我看來，好男人是有能力、有財力和有體力的人。好女人是有美貌、有美德和有美感的人。女人喜歡有能力的男人；男人喜歡美麗的女人。好男人要努力成為一個有能力的男人；好女人要努力成為一個夠美麗的女人。

男人要為自己喜愛的女人改變；女人要為自己喜愛的男人改變。如果你的女人要你提升一些能力，就要努力去達成。如果你的男人要你增加一些美麗，就要努力去實踐。你為女人改變，會讓自己成為好男人；你為男人改變，會讓你成為好女人。

如果自己不是一個好男人，如何要求女人會愛你；如果自己不是一個好女人，如何要求男人會愛你。有些男人和女人會說：我就是這樣的人，要愛不愛隨你便。這種男人和女人都不是好男人和好女人。愛上這種男人或女人，肯定不會有好結果。

好男人和好女人都必須具備尊重異性的特質。再好的男人若不尊重女人，就不是好男人；再好的女人若不尊重男人，就不是好女人。男人不能因有能力而歧視女人；女人不能因有美麗而看輕男人。會因自己的能力而自視非凡的男人，不是好男人；會因自己的美麗而自認高貴的女人，不是好女人。

好男人和好女人都需要有責任感。沒有責任感的人就不值得信賴，也不值得被愛，就不是好男人或好女人。有些人認為男人才需要責任感，其實，女人同樣需要有責任感。每一個人都需要扮演一些角色；都需要承擔一些責任。

每個人都希望自己是個好男人或好女人，但是，很少人能夠成為一個好男人或好女人。在取得好男人或好女人的美名之前，必先問問自己身邊的女人或男人，自己是不是一個好男人或好女人。

06　　好女人

2021/3/18

每一個女人都想做一個好女人，但是，很少女人知道，什麼是好女人。

有人認為，好女人是能活出自我的女人；有人認為，是能被人愛的女人；有人認為，是賢妻良母的女人；有人認為，是幸福美滿的女人。

好女人的定義百百種，人人都可以自由解釋。依我的定義，好女人就是懂得愛情和生活的女人。

懂得愛情的女人，是知道如何談心和談性的女人。懂得生活的女人，是知道如何管理家庭和享受生活的女人。

如果你是一個懂得愛情，又懂得生活的女人，就是一個完美的好女人。

如果你是一個只會談愛情，或是只會談生活的女人，就是一個平凡的好女人。

如果你是一個不會談愛情，也不會談生活的女人，就是一個不會被重視的女人。

大部分的女人都會經歷愛情與婚姻，但是，有人成功，有人失敗；有人愛情如意，婚姻不幸；有人婚姻順利，愛情坎坷。如果愛情婚姻皆滿意，就是一個幸福的女人。

其實，要做一個好女人並不難。只要能把愛情與婚姻徹底區隔，在愛情中做個好情人；在婚姻中做個好妻子。你不能在愛情中，希望當個好妻子；不能在婚姻中，渴望當個好情人。

你要在愛情中，找到一個懂得愛情的人；要在婚姻中，找到一個懂得生活的人。你要在愛情中享受快樂；在婚姻中享受幸福。

如果你找錯對象戀愛，就無法凸顯你的好；如果你找錯對象結婚，就無法施展你的好。你要找到一個懂得你的好男人，才能證明自己的好。

如果你認同這個想法，你肯定是一個好女人。如果你反對這個想法，就請你自行詮釋。

07 優質熟女

2021/9/28

所謂熟女 (mature woman) 就是在身體和心智上已成熟的女人。所謂優質 (high quality) 就是高雅的氣質或是品質。

在每一個女人的生涯中，都會有成熟的階段。隨著年齡的增長，身體的活力會遞增到頂峰，然後逐漸遞減。另一方面，心智的活力則會不斷增長。當心智的活力超過身體的活力時，就是成熟。成熟是人生最後的光采，一旦錯過，就不再復原。

成熟與年齡並無絕對相關。有人身體早衰退；有人身體晚衰退；有人心智早熟，有人心智晚熟；有人年紀輕就已成熟；有人年紀大也不成熟。成熟不一定優質，但是，優質一定成熟。成熟的女人不一定是優質的女人，但是，優質的女人一定是成熟的女人。

優質熟女歷經大半的人生，懂得人生的真諦，也能展現女性的魅力。她了解別人的需求，也能與別人分享人生的心得。她有智慧、有自信、有氣質，能夠讓女人親近；讓男人著迷。

優質熟女就像優質的果實，既漂亮又香甜。看到的人會垂涎三尺；吃到的人會唇齒留香。在優質熟女的心中，蘊藏著一顆激烈的心靈和一股熾熱的情感，且會以神秘的眼神投射出愛的光芒。

要成為一個優質熟女必須具備許多特質，例如，要有豐富的知識、獨特的思想、理性與情性兼備、獨立堅強、大方俐落、情緒管控、善待別人等等。這些特質不是一朝一夕形成，而是長期歷練造成。優質熟女的氣質是自然展現，不是刻意偽裝。她的一舉一動，一言一行，一眸一笑都是自然的流露，沒有絲毫的做作。

優質熟女不會因年大色衰而自悲，也不會因非凡成就而自豪。她對自己有信心；對別人能尊重。她對法理情能拿捏得宜，不會委屈自己，也不會欺凌別人。她有自己的思想，也能接納別人的思想，不會人云亦云，也不會得理不饒人。

優質熟女不是要有多大的成就，多大的名氣，多少的財富，多少的子女，多美滿的家庭。優質熟女也不是要有多美的外貌；多美的體態；多美的華服，而是要能獨立思考；要有美學素養；要懂得別人的心。

如果你認為自己已經成熟，而且希望自己成為一個優質熟女，就要勇敢踏出思想美學的第一步，也就是要理解別人的思想，具有自己的思想和分享彼此的思想。如果沒有思想的特質，就無法成為優質的熟女。

作為一個熟男（當然不是優質熟男），我十分欣賞熟女的氣質、韻味與魅力。只有優質熟女能夠看透我靈魂深處的奧秘；能夠懂得我思想原理的核心；能夠分享人生美學的喜悅。優質熟女即使離我遙遠，我還是可以感知她的存在；享受她的心覺。

08 給女人的信

2022/2/8

女人常會抱怨自己生為女人；抱怨社會男女不平權；抱怨男人不了解女人。針對這個問題，我想以男人的立場，寫一封信給女人。我是男人，只能以男人的眼睛看女人；用男人的心思想女人；用男人的角度表達對女人的看法。我的看法不一定正確，只能提供你參考，不能要你照著做。

身為一個女人，這不是你的選擇，也不是父母的選擇，而是上帝的安排。你要為上帝的恩賜而榮耀；你不能為自己的命運而悲嘆。上帝要你成為女人，一定有祂的旨意。祂要你扮演重要的角色，使這個世界更加美好。如果沒有女人，這個世界將會混亂；人類將會滅絕。女人是男人不能或缺的存在；是人類生命的孕育者。女人是美的象徵，世界因有女人而美麗；男人因有女人而強壯。

女人不是強者，也不是弱者。女人可以使自己成為強者，也可以使自己成為弱者。你不必以強者的姿態，要求男人屈服，也不必以弱者的姿態，要求男人同情。你必須做好自己；愛護自己；改變自己；創造自己。你必須具備一技之長；參與勞動市場；擁有自己的興趣。你必須獨立自主，靠著自己的力量，追求自己的幸福。

男女平權不是靠法律的保障，也不是靠社會的提倡，而是靠個人的努力。你不必上街頭，也不必逞口舌。你只要有思想、有能力、肯奮鬥，就可以與男人平起平坐，而且能夠出人頭地。女人與男人是站在平等的基礎上共存共榮。女人不要想佔男人的便宜，也不要讓男人佔自己的便宜。女人不要同情男人，也不要被男人同情。女人若有委屈，不是男人欺負你，而是女人踐踏自己。天下沒有負心的男人，只有脆弱的女人。

做為一個女人，你必須懂得愛情的真諦；你必須學會享受愛情。你要知道自己喜歡什麼樣的男人；你要勇於追求自己喜歡的男人。你不要因愛人而感羞怯；你不要因被愛而感欣慰。你要勇敢去愛；你要勇敢不愛。你不必在乎別人是否愛你；你只要在乎自己是否愛人。

結婚是因為有需要，而不是因為有愛情（若能有需要又有愛情當然就是絕配）。老公是用來增進幸福的，不是用來添增麻煩的。你可以付出你的心力；你不能犧牲自己的幸福。如果你不滿意自己的婚姻，就要放手這個婚姻；如果你的老公被搶走，就要放手這個老公。

女人要擁有生育的自主權，不要順從別人的意志，也不要屈服別人的壓力。如果你有養育子女的能力與樂趣，就可以生兒育女，否則，就是生活的折磨，幸福的摧殘、子女的不幸和社會的負擔。如果你因養兒育女而陷入生活的困境，你就是不聰明和不道德的女人。

你是賢妻，不是配偶的奴隸。你是良母，不是子女的僕人。你要當個賢妻良母；你不能為家庭而拖垮自己。你是公婆的好媳婦，不是公婆的看護工。你要孝順父母；你不能因照護公婆而犧牲自己的幸福。

世間的好女人有兩種：懂得愛情的女人與懂得生活的女人。懂得愛情的人女人是知道如何談心和談性的女人；懂得生活的女人是懂得管理家庭和享受生活的女人。如果你懂得愛情，又懂得生活，就是完美的好女人；如果你只懂得愛情或是只懂得生活，就是平凡的女人；如果你不懂愛情，也不懂生活，就是脆弱的女人。

女人就是女人，不是男人的附屬品。你要做好你自己；要珍惜自己的人生；要追求自己的幸福。請不要依賴男人的保護；請不要抱怨男人不了解你；請不要說社會對你不公道。你可以贊成我的想法，也可以反對我的想法，但是，別忘了做一個自己滿意的女人。

09　兩性平權

2022/5/20

兩性平權 (gender equality) 是男人與女人在人格上、教育上、社會上、工作上、經濟上和政治上，享有同等的權利與對待，不能因性別的不同，而有特別的對待或歧視，也不能有損及個人尊嚴的言論或行為。至於性別平權則在男人與女人之外，還包括第三性別者。

生兒生女不是父母決定的；當男人當女人不是自己決定的。男嬰女嬰都是一樣好；男人女人都是平等的。父母不可因生下男嬰而歡喜；自己不可因身為男人而自傲。

男人與女人是互補性的平等，不是獨立性的平等。男人因力氣大，而能保護女人；女人因心思細，而能穩定男人。男人需要女人，女人也需要男人。男人與女人是站在互補的基礎上，相愛相助，共存共榮，共享幸福。

男人不一定是強者；女人不一定是弱者。女人可以當強者，也可以當弱者。女人不必以強者的姿態，要求男人屈服，也不必以弱者的姿態，要求男人憐惜。女人只要做好自己、愛護自己、改變自己、創造自己，不必與男人爭平等、爭權利、爭保障、爭福利。

男人與女人本來就不同，但是，沒有不平等。男人與女人各有不同的角色與功能，但是，合則有利；分則不利。女人會有委屈，不是被男人欺負，而是自己太脆弱。女人要做男人的好伙伴，不要做男人的重包袱。

女人與男人有平等的地位，享有平等的權利。女人不是男人的附庸，更不是男人的奴婢。女人是男人不能沒有的存在；是男人必須依賴的伙伴。男人和女人都必須向對方證明：你不能沒有我；你若失去我，就無法得到幸福。

二十一世紀是兩性平權的時代，已經沒有再爭取兩性平權的必要。兩性平權不是靠法律的保障，也不是靠社會的提倡，而是靠自己的努力。女人只要自己有能力，就能夠出人頭地；自己無能力，再多的保障也無濟於事。

女性主義者都是強者，不是弱者。強者還要爭平等，這是什麼道理？女人不必上街頭；不必耍舌頭，只要努力做自己，就可以得到平等的對待。

我們的社會還有許多心存「男尊女卑」的男人。他們不僅不尊重女人，也不尊重男人；不僅欺負女人，也欺負男人。他們根本不會尊重人。這些人才是必須被譴責和被制裁的人。

兩性平權要從自己和家庭做起。如果你的伴侶是一個不尊重女人的男人，就必須開導他，不能縱容他。如果你連自己的男人都無法改變他，你憑什麼要求兩性平權？如果你連自己都無法與自己的男人平等對待，你憑什麼要求兩性平權？

第 2 章
愛情與婚姻

01　愛與情的原則

2021/1/26

男女愛與夫妻情都必須建立在互相了解、互相設想和互相尊重的基礎上。

你 / 妳是因為你 / 妳了解她 / 他，不是因為她 / 他了解你 / 妳，才選擇她 / 他做為你 / 妳的情人或配偶。你 / 妳只要跟她 / 他在一起，就必須了解她 / 他，不可無視她 / 他，也不可誤解她 / 他。

你 / 妳是因為你 / 妳愛她 / 他，不是因為她 / 他愛妳，所以必須為她 / 他設想。她 / 他的好就是你 / 妳的好；她 / 他的成功就是你 / 妳的成功；她 / 他的快樂就是你 / 妳的快樂。

你 / 妳是因為你 / 妳尊重他，才會被她 / 他尊重。你 / 妳若不尊重她 / 他，就得不到她 / 他的尊重。你 / 妳要尊重她 / 他不同的想法和做法，如同她 / 他要尊重你 / 妳不同的想法和做法。

了解、設想和尊重這三個原則，看似簡單，實則不易。我們往往會在不知不覺中忽略；常常會在理所當然中忘記。

世上有多少撕裂的愛情；有多少破碎的婚姻？如果能夠徹底實踐這三個原則，相信可以讓你 / 妳的愛情甜甜蜜蜜；讓你 / 妳的婚姻長長久久。

不要認為自己的付出都是委屈求全；不要以為別人的付出都是理所當然。你 / 妳要心甘情願的付出；你 / 妳要心存感激別人的付出。

你 / 妳不必一廂情願，也不必忍辱負重。你 / 妳只要做你 / 妳所願；做你 / 妳所悅。你 / 妳不要做你 / 妳所怨；做你 / 妳所苦。

你 / 妳要肯定你 / 妳的愛情。你 / 妳的一句「我認同妳 / 你」比千句「我愛妳 / 你」更有意義。你 / 妳要用真心的認同去愛她 / 他，不要用表面的話語去愛她 / 他。

男女愛與夫妻情的維護，需要雙方的彼此了解、設想與尊重。如果你／妳無法懂得與實踐，你／妳的愛與情就難以維持。

02　　愛情與婚姻 I

2018/12/25

愛情是人為的承諾；婚姻是法律的約定。愛情是在滿足身心的需求；婚姻是在滿足生活的需求。愛情是在追求快樂；婚姻是在追求幸福。愛情是生活的藝術；婚姻是生活的技術。愛情是感性；婚姻是理性。愛情是短期的相聚；婚姻是長期的相守。愛情是婚姻的開始；婚姻是愛情的結束。

有愛情的婚姻既快樂又幸福；無愛情的婚姻是幸福不是快樂；無婚姻的愛情是快樂不是幸福。你可以選擇既快樂又幸福的婚姻，也可以選擇幸福但不快樂的婚姻，更可選擇快樂但不幸福的愛情。

愛情與婚姻有三種形態：(1) 談愛情也談婚姻、(2) 談愛情不談婚姻、(3) 談婚姻不談愛情。你可以選擇要談愛情與婚姻的人談愛情與婚姻。你可以選擇談愛情不談婚姻的人談愛情。你可以選擇談婚姻不談愛情的人談婚姻。如果你只想談愛情，就別選擇只要談婚姻的人。如果你只想談婚姻，就別選擇只要談愛情的人。

有愛情不一定會有婚姻；有婚姻不一定會有愛情。你可以不跟你所愛的人結婚，也可以跟你不愛的人結婚。你若不跟你所愛的人結婚或跟你不愛的人結婚，就別渴望有愛情的婚姻。你不能強迫不愛你的人跟你結婚；你也不能強迫跟你結婚的人愛你。

愛情是自由的，可依自己的意志行事；婚姻是不自由的，要依他人的意志行事。你若想自我與自由，就必須放棄婚姻。你若想要婚姻，就必須放棄自我與自由。

愛情的核心是性；婚姻的核心是錢。沒有性的愛情不會快樂；沒有錢的婚姻不會幸福。愛情不能有金錢的交換；婚姻不能沒有金錢的考量。你可以跟一個窮人談愛情，你不能跟一個窮人談婚姻。

愛情的對象是你喜歡他 / 她；婚姻的對象是你需要他 / 她。愛情是用來享受的；婚姻是用來使用的。愛情不會改善你的生活；婚姻不會增加你的快樂。

在愛情的世界裏，你可以有 N 個對象。如果你只有一個對象，只能選擇一個好的對象；如果你有兩個對象，可以選擇一個較好的對象；如果你有三個以上的對象，可以選擇一個最好的對象。在婚姻的世界裏，你只能有一個對象。如果你只有一個對象，就會有一個幸福的婚姻，如果你有兩個對象，就會有一個破碎的家庭；如果你有三個以上的對象，就會身敗名裂，無處可去。

愛情是自願的贈與；婚姻是約定的互助。贈與的愛情不必賠償，也不能求償。互助的婚姻必須賠償，也可以求償。

帶著婚姻的渴望去進行你的愛情或帶著愛情的渴望去經營你的婚姻，終究會帶給你失望。請帶著快樂的心去進行你的愛情。請帶著幸福的心去經營你的婚姻。當痛苦超越了快樂，你的愛情就必須終止。當你的不幸超越了幸福，你的婚姻就必須結束。

03　　　愛情與婚姻 II

2021/7/5

愛情是談心談性；婚姻是談家談錢。愛情在追求心性的快樂；婚姻在追求家庭的幸福。要能談心談性，才能享有快樂的愛情；要能談家談錢才能享有幸福的婚姻。

情侶是愛；夫妻是情。為了愛可以包容情侶的無理；為了情可以忍受配偶的無愛。情侶不是情；夫妻不是愛。情侶不必有情；夫妻不必有愛。情侶要求情，可能會受傷害；夫妻要求愛，可能會很失望。

情侶關係是自由和不受約束；夫妻關係是約束和不自由。情侶要分手易如反掌；夫妻要離婚難如登天。不快樂的愛情不必珍惜；不幸福的婚姻不必眷戀。你若不當機立斷，就會有不快樂的愛情或有不幸福的婚姻。

試想，世上到底有多少人懂得愛情？有多少人懂得婚姻？有多少人享有快樂的愛情？有多少人享有幸福的婚姻？有多少人擁有幸福又快樂的婚姻？

很多人都說自己是快樂的情侶；很多人都說自己是恩愛的夫妻。其實，大部分的人都是不快樂的情侶；大部分的人都是沒有愛的夫妻。是否有愛；是否有情，只有自己知道，別人無法得知。

快樂的情侶比較容易。只要能夠談心談性就是快樂的情侶。大多數的女性都認為，戀愛時只能談心不能談性，而且拒絕談性。雙方必須在結婚之後才能談性。所以大部分的情侶都無法享有真正的快樂。

有愛的夫妻十分困難。大部分的夫妻都是幸福的夫妻，不是有愛的夫妻。他們可以談家人、談家事、一起出遊、一起購物、相互關心、相互照顧，但是，無法談心、無法談性、無法彼此相愛、無法分享快樂。

其實，婚姻的本質並非在談愛情，而是在追求幸福。所謂幸福，就是生活的滿意度。幸福與快樂並無絕對的正相關。有人很幸福但不快樂；有人不幸福但很快樂。夫妻之間只要能享有幸福的生活，快不快樂並不重要。

世上最美好的夫妻，就是既有愛又有情；既有幸福又能快樂的人。世上最不幸的夫妻，就是既無愛又無情；既不幸福又不快樂的人。人人都希望成為理想夫妻，但是，只有少數人能夠成為理想夫妻。一般夫妻大都能享有幸福的生活，只要能夠敞開心胸，與老伴多談心和多談性，就能夠成為理想夫妻。

當你說你愛自己的老公或是當你說你愛自己的老婆時；當你說老公很愛你或是當你說老婆很愛你時；當別人說你們是恩愛的夫妻時，你／妳是否懂得愛的意義？你／妳是否當之無愧？如果你們都能誠實面對自己；如果你們都能誠實面對事實；如果你們都能勇於改變自己；如果你們都能勇於改變事實，你們就可以成為一對名副其實的理想夫妻。

04　　愛情與婚姻 III

2019/9/25

愛 (love) 是男女間的熾熱情感 (passionate affection for a person of the opposite sex)。情 (affection) 是對某人或某事的鍾愛或奉獻 (fondness for or devotion to a person or thing)。鍾愛 (fondness) 是強烈的珍惜感 (the state of cherishing with string feeling)。

男女之愛是心靈的交融與性愛的歡樂。夫妻之情是情感的珍惜，溫柔的對待與無私的奉獻。男女之愛在追求心性的歡樂。夫妻之情在追求生活的幸福。男女之愛是自愛與利己。夫妻之情是愛人與利人。男女之愛在做自己快樂與有利的事。夫妻之情在做伴侶快樂與有利的事。男女之愛是天生的需要 (needs)。夫妻之情是後天的需求 (demand)。

人人都需要愛情，但是，不是人人都有婚姻的需求。你可以不要婚姻；你不能沒有愛情。當你能肯定對方值得你信賴，珍惜和奉獻時，才有婚姻的需求。你不能沒有愛情只要婚姻。你不能因為有愛而結婚。愛情是用來享受的；婚姻是用來奉獻的。你若不想奉獻，就不要結婚。愛情常在婚姻開始後結束；婚姻常在愛情結束後開始。愛情不是婚姻的條件；婚姻不是愛情的結果。不要在愛情中追求婚姻；不要在婚姻中追求愛情。

或許你想戀愛卻找不到對象；或許你不想結婚卻被迫成婚。這不是別人的錯，也不是社會的錯，而是自己的錯。你若想戀愛，就必須提升自己的條件。男人必須充實三力：知力、體力和財力；女人必須充實三美：美麗、美德和美學。你不能說：我不要提升自己的工作能力，卻要求高額的勞動報酬。沒有任何人可以強迫你結婚，而是你三心二意，拿不定主意，才會聽從別人的旨意。牧者可以趕牛到河邊，無法強迫牛喝水。

你必須懂得愛情才去戀愛。你必須強化戀愛的技巧、心靈的溝通、相互的認同與激情的火花。你必須點燃床上的火花，改善性愛的技巧，增進性愛的歡愉。你必須懂得婚姻才去結婚。你必須珍惜夫妻之情，溫柔對待伴侶，全力奉獻家庭。你不能期待愛情，不能苛求伴侶，不能享受自由。你必須做個愛情高手；你不能做個愛情低能者。你必須做個良夫賢妻；你不能做個愚夫愚婦。

如果你能從愛情中得到婚姻，也能從婚姻中得到愛情，就是幸福的人。如果你不能從愛情中得到婚姻，但能從婚姻中得到愛情，就是幸運的人。如果你能從愛情中得到婚姻，卻不能從婚姻中得到愛情，就是平凡的人。如果你不能從愛情中得到婚姻，也不能從婚姻中得到愛情，就是不幸的人。如果你因得不到婚姻而放棄愛情；如果你因得不到愛情而放棄婚姻，就是自暴自棄的人。

聖經上有言：萬物萬事皆有時。時候到了，男女就會分手；夫妻就會分離。當你的痛苦超越了快樂，愛情就該結束；當你的奉獻超越了獲得，婚姻就該終止。不要害怕失去愛情；不要害怕失去婚姻。只要曾經有過愛情的歡樂；只要曾經有過婚姻的幸福，你就不虛此生。

有人把愛情當婚姻；有人把婚姻當愛情。有人戀愛是為了結婚；有人結婚是為了愛情。有人不想結婚，所以不要戀愛；有人不想戀愛，所以不要結婚。有人把愛情視為婚姻的保證；有人把婚姻視為愛情的結晶。有人認為不想結婚，就不該戀愛，否則，就是玩弄愛情。有人認為沒有愛情，就不該結婚，否則，就是背叛婚姻。

多少男女因得不到婚姻，而在愛情中苦惱著或痛苦著。多少夫妻因得不到愛情，而在婚姻中苦悶著或掙扎著。他們把得不到婚姻的愛情視作一齣悲劇；把得不到愛情的婚姻視作一齣苦戲。於是，開始後悔愛錯人或結錯婚；開始否定愛情的真或婚姻的好。

當你陷入愛情或婚姻的泥沼中，請再度冷靜和理性的思考：自己是否懂得愛情？是否享受過愛情？是否懂得婚姻？是否奉獻過家庭？如果你確實懂了也做了，卻得不到愛情的快樂或得不到婚姻的幸福，你就應該勇敢地放棄這個愛情或這個婚姻。當你失去了一個愛情，就必須尋回另一個愛情。當你失去了一個婚姻，就必須尋回另一個婚姻。當你找到另一個愛情，就別再期待婚姻。當你找到另一個婚姻，就別再渴望愛情。要戀愛就要一心一意的享受快樂。要結婚就要死心踏地的做出奉獻。

05　愛情與婚姻 IV

2020/12/21

1. 愛情在追求心性的滿足；婚姻在追求生活的滿足。
2. 愛情是天性；婚姻是責任。
3. 愛情是短暫；婚姻是長久。
4. 愛情是自由；婚姻是束縛。
5. 愛情是感性；婚姻是理性。
6. 愛情在分享精神；婚姻在分享物質。
7. 愛情在分享未來的美夢；婚姻在分享現實的生活。
8. 愛情是用來欣賞的；婚姻是用來使用的。
9. 愛情是各自獨立的；婚姻是相互依存的。
10. 愛情是依道德行事；婚姻是依法律行事。
11. 能相互激發的是情侶；能相互照顧的是夫妻。

12. 會互稱蜜糖的是情侶；會互稱酸梅的是夫妻。
13. 輕言細語的是情侶；大吼大叫的是夫妻。
14. 會聽你的是情侶；會嗆你的是夫妻。
15. 會攜手併行的是情侶；會一前一後走的是夫妻。
16. 會討你歡心的是情侶；會對你囉唆的是夫妻。
17. 男人付錢的是情侶；女人付錢的是夫妻。
18. 無話不說的是情侶；無話可說的是夫妻。
19. 會談風花雪月的是情侶；會談家務煩事的是夫妻。
20. 看對方是帥哥美女的是情侶；看對方是豬哥醜女的是夫妻。
21. 陪你遊山玩水的是情侶；陪你下廚作菜的是夫妻。
22. 成功時接近你，失敗時離棄你的是情侶；成功時協助你，失敗時
    陪伴你的是夫妻。
23. 睡在身旁會好睡的是情侶；睡在身旁難成眠的是夫妻。
24. 你快樂時會想起的是情侶；你痛苦時會想起的是夫妻。
25. 容易分手的是情侶；不易分手的是夫妻。

大多數的人都把愛情當婚姻；把婚姻當愛情。戀愛時渴望結婚；結婚後
渴望愛情。如果戀人不能結婚，愛情就沒有結果；夫妻沒有愛情，婚姻
就不幸福。

有些人把戀人的分手當欺騙；把夫妻的離婚當背叛。凡是提出分手或離
婚的人，就是渣男或渣女。只要你敢戀愛，就必須負責結婚；只要你敢
結婚，就必須白首偕老。

二十一世紀的愛情與婚姻必須重新定義與詮釋。愛情是在追求身心的快
樂，不是在尋找結婚的對象；婚姻是在追求生活的幸福，不是在尋找愛
情的對象。

愛情與婚姻是不一樣的兩件事。你不能在愛情中期待婚姻；不能在婚姻
中期待愛情。如果你能在愛情中得到婚姻；如果你能在婚姻中得到愛情，
你就是最快樂和最幸福的人。

06　　愛情與婚姻 V

2020/12/18

愛情是在談心和談性；婚姻是在談家人和家務。你要懂得愛情，才去戀愛；你要懂得婚姻，才去結婚。

愛情是接受，也是享受。接受愛的邀約；享受愛的歡愉。婚姻是承諾，也是承受。承諾情的陪伴；承受情的折磨。不能享受愛的歡愉，就會失去愛情；不能承受情的折磨，就會失去婚姻。

愛情要問的是值不值得；婚姻要問的是應不應該。不應該但值得的愛情要去愛；應該但不值得的愛情就不要去愛。不值得但應該的婚姻要去結；值得但不應該的婚姻，就不要去結。

愛情是相愛；婚姻是相處。愛情是個別生活；婚姻是共同生活。若要共同生活，就不要戀愛；若要單獨生活，就不要結婚。相愛容易，相處難。能夠相愛的人不一定能夠相處；能夠相處的人不一定能夠相愛。

愛人和配偶的角色與功能不同。愛人是戀愛的對象；配偶是結婚的對象。你要以愛人的角色去戀愛；要以配偶的角色去結婚。你不能以配偶的角色去戀愛；不能以愛人的角色去結婚。

愛情與婚姻是不同的世界，要以不同的方式去面對。結婚之前，你可以自由選擇愛情的伴侶；結婚之後，你沒有自由選擇配偶的權利。

在愛情的世界裏，對象愈多愈好。如果你只有一個對象，只能選擇一個好的；你若有兩個對象，可以選擇一個較好的；你若有三個對象，可以選擇一個最好的。

在婚姻的世界裏，選項要愈少愈好。如果你有一個選項，會有一個美滿的家；你若有兩個選項，可能會有兩個破碎的家；你若有三個選項，將會無家可歸。

愛情像烈酒；婚姻像濃茶。你要用喝烈酒的方式去談愛情：你要用喝濃茶的方式去談婚姻。烈酒會讓你失神；濃茶會讓你提神。喝完烈酒，要喝濃茶，才會讓你清醒。

人因需要愛所以戀愛；因為需要生活所以結婚。人因為沒有愛情而分手；因為無法生活而離婚。你要有愛人的資格才去戀愛；要有生活的條件才去結婚。

07 友情、愛情與親情

2021/10/23

暌違半年多，今天首次到電影院看電影。我選擇〈藏愛的畫像〉(Helene) 這部影片。這是芬蘭最著名的畫家 Helene Schjerfeck 在 1915 年至 1923 年間，所發生的故事。除了她在繪畫界的傑出成就之外，痛徹心扉的愛情就是這部電影的主題。

Helene 與 Einar Reuters 由相知相惜，而踏入愛情。雖然雙方沒有坦誠告白，卻能一起共度一段心連心的快樂時光。這段心照不宣的愛情，卻因 Einar 與別人訂婚而告吹。然而，Helene 卻因此陷入精神分裂的狀態，無法再度作畫，也不再相信愛情。最後，Helene 終於恢復平靜，並與 Einar 恢復知友關係。

Helene 和 Einar 的故事，也活生生的存在許多人的人生中。男女之間，因相知而相愛；因相愛而結婚，也就是由知己成為愛人；由愛人成為夫妻。但是，事實上有許多人卻相知而不能相愛；相愛卻而無法結婚，也就是知己不能成為愛人；愛人無法成為夫妻。

一般人對友情，愛情與親情或是友人，愛人與親人的定義和內涵，常有錯誤的認知與解讀。總會把三情一起聯想，甚至將三情混為一談。如果

知己不能成為愛人，就是欺騙；如果愛人無法成為夫妻，就是背叛；如果友情，愛情與親情的三情無法合一，就會黯然神傷或是由愛轉恨。

其實，友情，愛情和親情是完全不同的。友情是在談心；愛情是在談心與談性；親情是在談家庭。朋友之間，因為能夠談心，才能成為知己。知己之間，因為能夠談性，才能成為愛人。愛人之間，因為適合婚姻，才能成為夫妻。知己不一定要成為愛人；愛人不一定要成為夫妻。男女關係可以是永久的知己；可以是永久的愛人；可以是永久的夫妻。

一般人常認為，只要能談得來或是能彼此關心，就是知己。有些人還將自己心儀或崇拜的對象視為知己。其實，談心是雙方的事，必須雙方都有強烈的共同嗜好，而且能夠彼此認同和相互欣賞，才能歷久彌新；才能心心相連。

一般人對友情，愛情與親情，常有錯誤的想法和做法。不能談愛，就不要談心；不能結婚，就不要談愛。此外，一般人也會把三情，視為獨佔，不容第三者存在。如果有第三個知己，就不再是知己，也不再是朋友。如果有第三個愛人，就不再是愛人，就不會結婚。

理論上，愛就是愛；不愛就是不愛，不能有模糊的空間。可是，有些人心中有愛，卻不敢表白；心中無愛，卻不敢拒絕。因此，愛不到自己想愛的人，卻愛到不愛自己的人。有些人不管別人愛不愛自己，就是要強迫別人來愛自己。有些人不管自己愛不愛別人，就是要勉強自己去愛別人。

婚姻是組織家庭與經營家庭的法律約定。婚姻與愛情截然不同。婚姻不是愛情的結局；愛情不是婚姻的條件。夫妻之間的親情不是愛情；愛人之間的愛情不是親情。不能把親情當愛情；不能把愛情當親情。夫妻之間不一定要有愛情；愛人之間不一定要有婚姻。

一般人常把婚姻當愛情；把愛情當婚姻；把配偶當愛人；把愛人當配偶；在婚姻中追求愛情；在愛情中追求婚姻。事實上，婚姻中常無愛情；愛

情中常無婚姻。因此，才會有那麼多人想要離婚；才會有那麼多人不相信愛情。

年齡差距是否會造成友情，愛情與親情的障礙？一般人大多有負面的看法，尤其不接受年齡差距太大的愛人結婚。例如，Helene 與 Einar 相差 19 歲，而且是女大於男。他們可以談心和談愛，卻無法談婚姻。其實，年齡的大小與思想的成熟並無絕對的正相關。有人很年輕，卻十分懂事；有人很年老，仍然不懂事。只要思想成熟的兩個人，都可以談心，談愛，談婚姻。

如果能夠正確認知友情，愛情與親情，就要努力談心，做個好知己，而不要踏進愛情；就要認真戀愛，做個好愛人，而不要談婚姻；就要全力經營家庭，做個好配偶，而不要追求愛情。總之，在不同的階段，要有不同的需求；要扮演不同的角色；要發揮不同的功能。唯有如此，才能享受友情，愛情和親情的樂趣。

第二篇　愛情論

第 **1** 章

愛情

01 愛情 I

2022/2/8

愛是談心的情感與談性的行為。愛是天生的需要，不是道德的承諾，也不是法律的約定。愛沒有真假之分，只有深淺之別。愛是絕對自由，沒有強制。愛是相互的贈與，沒有虧欠。愛的雙方都是得利者，不是受害人。你不能譴責對方；你不能要求補償。

你要愛對你真心的人；幫助會感恩你的人；珍惜能保護你的人。同樣地，你也必須真心對待人、感謝人和保護人。愛就在雙方的互信、互助和共享之下進行。如果你已經不再有愛，就要誠實告訴對方，以互相祝福的方式分手。

愛有深有淺、有強有弱、有長有短。你只能知道自己的愛，無法知道別人的愛。你只能知道自己的愛有多深、有多強，無法知道別人的愛有多深、有多強。你的深愛可能碰上他的淺愛；你的淺愛可能碰上他的深愛。你的深愛和他的深愛就是愛；你的深愛和他的淺愛也是愛；你的淺愛和他的深愛也都是愛。

每一個人都有不同的戀愛方式；每一個人對不同的人都有不同的戀愛方式。戀愛沒有絕對成功的技巧。每一種戀愛的方式和技巧都是愛。你要用對方喜歡的方式去愛他，不要用自己喜歡的方式去愛他。對方要用你喜歡的方式去愛你，不要用他喜歡的方式去愛你。

當一個人墜入愛河，想法、做法和生活就會變得不一樣。有人會變得溫柔體貼；有人會變得神采奕奕；有人會變得幸福快樂。有人相愛是幸運，也是福氣。相愛的人都必須珍惜彼此的愛。

真正的愛不必說「我愛你」。我愛你這句話是在床上說的，不是在起床後說的。你若愛說我愛你或是愛聽我愛你這句話，就是不懂愛；就是愛受騙。

愛是心甘情願，沒有委屈，也沒有背叛。你不愛別人，不是你背叛他；別人不愛你，不是他背叛你。當你愛上他，他可能不愛你；當別人愛上你，你可能不愛他。你只要在乎自己的愛，不必期待別人的愛。當愛情消失時，你就必須欣然接受。

愛人就不能傷害人，也不要被傷害。如果你自己覺得被傷害，就要勇敢離開他。離開心愛的人，不要傷心；不要心煩；不要心碎；更不要折磨自己或是報復對方。你曾經愛過人，也被人愛過。你已經嚐過愛的滋味，也享受過愛的甜蜜，你還能抱怨什麼？

愛人是你給別人的；被愛是別人給你的。你只能決定自己是否愛人；無法決定別人是否愛你。被愛是自己的感受，不是別人的承諾。如果你沒有被愛的感覺，別人再多的付出也無動於衷。如果別人沒有被愛的感覺，你再多的努力也無濟於事。

愛是天性，也是藝術。你要發揮愛的天性，也要懂得愛的藝術。你因能夠愛人，而有生命的意義；因能夠被愛，而有生命的價值。愛是值不值得，不是應不應該。如果值得卻不應該，也要去愛。如果應該卻不值得，就不要去愛。你以為然否？

02　　愛情 II

2020/11/8

愛是身心的契合，也是心性的滿足。愛不僅要能談心，也要能談愛，否則，就不是完整的愛。真心愛一個人，就必須走進對方的世界，也要讓對方走進你的世界。兩人的世界必須合而為一，共同分享生活的喜悅。

在愛人之前，要先愛自己；在被愛之前，必須要先愛人。愛情不是要守護在愛人的身旁，而是要與愛人一起享受這個綺麗的世界。

在愛情的世界裏，你要讓愛人看到自己美好的一面，不要讓愛人看到不好的自己。你不能說：我就是這個樣，愛不愛隨你便。你必須從愛情中美化和強化自己。

有些愛情可以長久維持；有些愛情稍縱即逝。對於得到的愛情要懂得珍惜；對失去的愛情要欣然接受。

愛情不該勉強，不該忍受，不該有淚。在愛情的世界裏，你有權選擇要或不要。如果愛他，會讓你感到不自在，就要勇敢放棄。

愛是自由的意志，不能勉強。你不能勉強自己去愛人；不能因利益、感謝或同情而去愛人；不能因父母的要求或是別人的慫恿而去愛人。

愛要尊重人，也要被尊重。你不能用控制去表達自己的愛，也不能因被控制而感到被愛。如果你用控制去愛人，肯定得不到對方的愛；如果對方用控制去愛你，肯定得不到你的愛。如果你因被對方控制而去愛，就不值得對方的愛；如果對方因被你控制而愛你，就不值得你的愛。

年輕時需要一個你愛的人；年老時需要一個愛你的人。年輕時多愛人；年老時多被愛。年輕時若不愛人，年老時就不會被愛。不管年輕或年老，你都要真心去愛人，才能獲得別人真心的愛。你必須慶幸有自己喜愛的人；你必須感謝有愛你的人。

愛的深淺與相處的時間無關。愛不是要每天膩在一起或是每天噓寒問暖。一個偶爾陪伴你，但能帶給你快樂的人，要比每天陪著你，卻帶給你痛苦的人更值得你的愛。

大多數的人都有戀愛的經驗，但是，只有少數的人懂得愛的真諦；得到愛的喜悅。愛是進行式，只有結束，沒有終點。結婚不是愛的結果，也不是愛的終點。結婚之後，你可以繼續有愛；可以不再有愛。你只要懂得愛，就能享受愛。你若不懂愛，永遠得不到愛。

03 愛情 III

2020/12/17

愛是用心想的，不是用眼看的。心中有愛，就可以看到愛；心中無愛，就看不到愛。你看到的愛或許是假愛；你看不到的愛或許是真愛。

心中有愛，雖然不在一起，仍然可以天天在一起；依舊可以天天愛著他。心中無愛，雖然天天在一起，仍然沒有在一起；依舊沒有愛著他。心中有愛，要忘掉一個人很困難；心中無愛，要斷掉一個人很容易。

愛不是他對你有多體貼或是你對他有多溫柔。你不要因他對你體貼，而認為他對你有愛；他不會因你對他溫柔，而認為你對他有愛。在你與他之間，如果無法談心和談愛，再多的體貼或溫柔，也無濟於事；也無法有愛。

要懂得愛，才能有愛；不懂愛，就不會有愛。愛只有自己知道。你不能假裝；你不能說謊；你不能欺騙。你必須誠實看待自己；你必須誠實面對別人；你必須誠實承認你的愛不是愛。

愛是享有，不是擁有。你愛他，是因為你要享有他，不是要擁有他。他愛你，是因為他要享有你，不是他要擁有你。如果他愛你是因為他要擁有你，就不是真愛你。請你享有你的愛，不要擁有他的人。

愛是快樂，不是痛苦。痛苦的愛不是愛。會讓你苦惱、傷心或痛苦的人，就不值得你的愛。你若會讓他苦惱、傷心或痛苦，你就不值得他的愛。

愛必須激情，不能冷淡。愛一旦冷卻，就難以復燃。不管用眼神、話語、文字或行動，都要有熱情。你不必害羞；不必偽裝；不必矜持。如果他會因你的熱情而疏遠你，就是不懂愛；就不值得你的愛。

當你不想再與他談心或談性時，你的愛就已結束。當他不想再與你談心或談性時，他的愛就已結束。不能談心談性是不愛的唯一理由。當你不

再愛他，不必對他說清楚講明白。當他不再愛你，也不必對你有什麼交代。如果你要他說清楚，你就是不懂愛。如果他要你講明白，他就是不懂愛。

愛就是愛；不愛就是不愛。你不能有愛而不愛；你不能不愛而去愛。當你決心不愛時，就要斷然分手，不要藕斷絲連。分手之後，你可以把他當路人；可以把他當友人；不能把他當戀人。或許有一天，你會再愛上他，那時候，你才重新把他當回戀人。你要清楚知道自己是否有愛，不要勉強去愛一個自己不愛的人；不要不愛一個自己有愛的人。

每一個人喜愛的人都不一樣；每一個人戀愛的方式都不相同；每一個人不愛的原因都不一定。有些人容易愛上一個人，也容易不愛一個人；有些人很難愛上一個人，也很難不愛一個人。不管你要怎麼愛；不管你為什麼不要愛，你都要懂得愛；你都要忠於自己的愛。

04 愛情係數

2020/3/5

愛情是對異性（或許也可以是同性）的心性滿足 (minded and sexual gratification for the opposite sex)。愛情必須能談心和談性才是完整。情 (affection) 是對某人或某事的鍾愛或奉獻 (fondness for or devotion to a person or thing)。愛情的定義可以界定為：異性間（或許可以適用同性間）滿足心性需求所做出的鍾愛或奉獻。

愛情有許多型態，例如分享型、獨立型、性愛型、犧牲型、功利型以及遊戲型等。根據上述愛情的定義，只有心性分享型才是真正的愛情。

對於愛情，一般常會問三個問題：(1) 你愛他 / 她嗎？(2) 你愛他 / 她多深？(3) 你對他 / 她的愛變了嗎？首先，必須了解愛情的定義與內涵，也就是愛情指標 (love indicators)，才能回答第一個問題。其次，必須了解愛情

的測定方法，也就是愛情係數 (love coefficient)，才能回答第二個問題。最後，必須了解愛情的變動狀況，也就是愛情彈性 (love elasticity)，才能回答第三個問題。

愛情指標有愛情心智與愛情行為兩項大指標。愛情心智可以分為信賴、理解、認同、激情和依附等 5 個中指標。愛情行為可以分為關心、溝通、協助、分享和承諾等 5 個中指標。最後，各項中指標可以再細分成各種小指標。

愛情係數是自我評定的實際值 / 尺度總數值。你可以用 0 到 5 的指標尺度和實際值去測定。例如，10 個指標的個別尺度為 5，尺度總數值為 50。如果自我評定的實際值為 35，則愛情係數為 0.7。如果愛情係數小於 0，就是不愛；等於 0 就是沒有不愛；大於 0 小於 0.3，就是低度愛情；大於 0.3 小於 0.7，就是中度愛情；大於 0.7 小於 1，就是高度愛情。相反地，如果愛情係數在 0 與 -0.3 之間，就是低度不愛；在 -0.3 與 -0.7 之間，就是中度不愛；在 -0.7 與 -1 之間，就是高度不愛。

愛情常因對象條件的變動、互動關係的變動或外力干擾的變動而有變化。有些情侶也常因對性的認知、金錢的糾紛、個性的差異、第三者的介入、家人的反對等因素，而由愛變成不愛。

愛情彈性是愛情係數的變動 / 愛情變因的變動。例如，一次吵架使愛情變因變動 -0.2，而因此引起的愛情係數的變動為 -0.4，那麼，愛情彈性為 2。愛情彈性大於 1 為高彈性；等於 1 為單一彈性；小於 1 為低彈性；等於 0 為無彈性。

如果對象給你說了一些好話或做了一點好事，你就對他 / 她愛得更深，就是高彈性。如果對象犯了嚴重的錯誤或傷你甚深，你仍不改變對他 / 她的愛，就是低彈性。對愛情不忠實的人是高彈性；對愛情忠實的人是低彈性；死心塌地的人是無彈性。

愛情是程度的問題，不是有無的問題。你必須知道自己的愛情係數，才能對情人說：我高度愛你、中度愛你或低度愛你。你不能說：我愛你或

我不愛你。如果你對 A 的愛情係數是 0.8，對 B 的愛情係數是 0.7，那麼，你就是比較愛 A。

愛情是主觀的感受，只有自己知道，也只有自己能夠測定。你無法測定別人的愛情，別人也無法測定你的愛情。你無法確實知道，你的情人是否愛你或愛你多深。你只能確實知道，你是否愛他 / 她或愛他 / 她有多深。愛人操控在己；被愛操控在人。愛人是真實的；被愛是虛假的。如果你認為被愛比愛人幸福，你就是愛情無知。

05　　真愛與假愛

2020/2/16

愛是對人事物的深厚情感與無悔付出。愛不僅要有心靈的感動，也要有實際的行動。有感動和行動才是真愛。有感動無行動以及有行動無感動都是假愛。

真愛是用做的；假愛是用說的。真愛是做給自己看的；假愛是做給別人看的。真愛做得長久；假愛做得短暫。真愛會活在你的生活裏，也會活在你的生命中。假愛只會活在你的生活裏，不會活在你的生命中。

真愛會尊重人、珍惜人、保護人；假愛會輕視人、欺騙人、傷害人。如果你會一面愛人一面傷人，就是假愛。如果你會一面被愛一面被傷害，就遇到了假愛。

要說出我愛你只要一秒鐘；要證明我愛你就要一輩子。口口聲聲說愛你的人不一定真愛你；默默實踐愛你的人才是真愛你。

真愛與假愛只有自己才知道。別人無法知道你的愛是真還是假。你也無法知道別人的愛是真還是假。你只能憑著自己的良知去判定真愛或假愛。

有人喜歡甜言蜜語的假愛，因而受到傷害。有人拒絕忠實木納的真愛，因而錯失良伴。如果你喜歡華而不實的假愛，就要有被傷害的準備。如果你討厭實而不華的真愛，就要有得不到真愛的覺悟。

有人用假愛去對待別人，卻能得到別人的真愛。有人用真愛去對待別人，卻換來別人的假愛。你別沾沾自喜自己的假愛，總有一天你會得到假愛的報應。你別自我譴責自己的真愛，總有一天你會得到真愛的報償。

有人高喊愛人們，卻時時在背叛人們，傷害人們。有人高喊愛國家，卻處處在製造對立，出賣國家。有人高喊愛同胞，卻用外交霸凌你，用武力威脅你。這些都是言行不一的假愛。

有智慧的人肯定能分辨真愛與假愛。如果不能分辨真愛與假愛，就是無知的人。如果相信假愛不信真愛，就是愚蠢的人。如果幫助假愛傷害真愛，就是邪惡的人。

這個社會充滿了虛假的人和虛假的愛。這個社會充斥著被虛假的人和虛假的愛所蒙騙和受傷害的人。你必須誠實面對自己的愛；你必須細心審視別人的愛。你必須以真愛待人；你必須拒絕假愛。如果你沒有真愛，就不要愛，千萬不要假愛。

06　　愛人與被愛

2020/2/16

愛人是一種喜悅，因為你看見了世界的美。被愛是一種價值，因為世界看見了你的美。

你是因為人值得你愛而喜悅。你是因為你值得被愛而有價值。你是為你的喜悅而愛人。你是為你的價值而被愛。你必須肯定你的愛人；你必須驕傲你的被愛。

你尋找，你認定，你愛人，你付出，可以得到生活的喜悅。你被發現，你被肯定，你被愛，你被給予，可以得到生命的價值。

生活的喜悅是你有多愛這世界，不是這個世界有多愛你。生命的價值是這個世界有多愛你，不是你有多愛這個世界。

生活的喜悅是自我認定；生命的價值是被人肯定。你可以為生活的喜悅而活；你可以為生命的價值而活。你若為生活的喜悅而活，就必須自我認定。你若為生命的價值而活，就必須被人肯定。

你可以掌握自己的愛；你無法掌握別人的愛。你可以決定自己有多愛人；你無法決定人有多愛你。你可以掌握自己的喜悅；你無法掌握自己的價值。你可以決定自己有多喜悅；你無法決定自己多有價值。

你愛人不一定能被愛。你自我認定不一定能被肯定。你若要愛人，就不必在乎是否被愛；你若要自我認定，就不必在乎被人肯定。

如果愛人而能被愛；如果自我認定而能被肯定，就可以獲得生活的喜悅與生命的價值。如果愛人而不能被愛；如果自我認定而不能被人肯定，就享受生活的喜悅，不必渴求生命的價值。

野草不被賞識，卻能活得好；園花被人讚美，卻凋謝得早。你可以當草；你可以當花。你若要當草，就要長好長滿，自我認定。你若要當花，就要開好開滿，被人肯定。

07 男女愛是彼此的接受，不是相互的付出

2019/11/28

男女愛是男女間心靈與肉體的自然結合，彼此分享心靈的喜悅與肉體的歡愉。男女間必須有共同的話題、相同的邏輯和相近的思想才能談心。男女間必須有接近的性觀念、相似的性嗜好以及性樂趣的分享才能談性。男女間只能談心是知友；只能談性是砲友；要能談心談性才是愛人。

男女愛是在尋找戀愛的對象，不是在尋找結婚的對象。你若以尋找配偶的心去尋找愛人，就踏出錯誤的第一步。你若以經營婚姻的態度去談戀愛，就註定會有失敗的愛情。

每個人都有不同的戀愛能力。有些人有很強的談心談性能力；有些人有很弱的談心談性能力。不是人人都有愛人的能力；不是人人都有被愛的能力。因此，愛人難求，真愛不易。你若能棋逢對手，愛情就會均衡，就能分享快樂。你若找錯對象，愛情就會失衡，就會嚐到痛苦。

男女愛沒有一定條件。你不必因她的美麗或賢慧而愛她；你不必為他的帥氣或財富而愛他。你愛他／她是因為你可以從他／她那裏得到心性的滿足；他／她愛你是因為他／她可以從你這裏得到心性的滿足。

男女愛在當下，沒有過去，也沒有未來。過去的愛只是回憶；未來的愛只是幻想，只有此時此刻的愛才是真實。你不必後悔過去的愛；你不可期待未來的愛。你只要珍惜相處的每一個時刻就已足夠。

男女愛必須愛得真、愛得激情、愛得刻骨銘心。虛假的愛、平凡的愛、食之無味棄之可惜的愛都不值得你去愛。當你凝視對方的眼睛（心靈）；當你緊握對方的雙手（肉體），那一刻會告訴你，你倆是否相愛。

男女愛必須真實。愛就是愛，不必假裝不愛。不愛就是不愛，不必勉強去愛。你若愛對方，就必須勇敢說出來。你若不愛對方，就要明確講出來。男女愛必須坦誠，不能欺騙；必須相信，不能猜疑。

男女愛不會自然出現，必須努力去追尋。男女愛不能等待，必須抓住現在。你不能要求對方等你一年半載才去愛；對方不能要求你等他／她一年半載才去愛。要愛就趁現在，不要等待。需要等待的愛不是真愛。

男女愛是享有，不是擁有。你沒有權利擁有人；你沒有義務被擁有。你若能享有愛，就會有快樂；你若想擁有人，就會有痛苦。愛只能快樂，不能痛苦。如果你的愛會帶給你不快樂或痛苦，就必須終止你的愛。

男女愛可以愛，可以不愛。沒有人可以強制人去愛；沒有人可以強制人不去愛。你不能強制人要愛你；對方不能強制你要愛他／她。你必須慶幸有人能愛你；你必須尊重有人不愛你。

男女愛不能控制人，也不能被控制。你若要控制人，就是不愛人；你若想被控制，就是不懂愛。如果你明知對方要控制你，而你也樂於被控制，就是自我放棄。

男女愛不能傷害人，也不能被傷害。會傷害人的愛不是愛；會被傷害的愛也不是愛。有人以愛之名傷害人；有人以愛之名被傷害。有人說：我愛你的同時，就是給了你傷害我的能力。這是何等曲解，何等無知。愛人不是要被傷害的。你若會被愛傷害，就是自我傷害。

男女愛不是買賣。你不能購買愛，也不能出售愛。你不能用金錢去買愛，也不能用愛去換金錢。你為對方付出的一切都是心甘情願的贈與，沒有虧欠，也不能討回。

男女愛是彼此的接受，不是相互的付出。你愛對方是因為你單純接受對方給你的滿足；對方愛你是因為對方單純接受你給對方的滿足。你不必為你所愛的人付出心力，也不必為愛你的人付出心力。對方不必因為愛

你而付出心力，也不必因為被你愛而付出心力。你若用付出去證明你的愛，將得不到愛的快樂。

男女愛不必為對方改變自己，也不能要求對方為你改變。你就是你；對方就是對方。你愛的是原本的對方，不是改變後的對方。對方愛的是原本的你，不是改變後的你。如果你要對方改變才愛他／她；如果對方要你改變才愛你，你就根本沒有愛過他／她；對方根本就沒有愛過你。

男女愛不必秒回你，不必膩著你，不必寵暴你；不必為他／她忍受，不必為他／她犧牲，不必為他／她唯命是從。男女愛是平等關係，不是從屬關係。你不必對方呵護你，也不必對方順從你。你不能要求對方呵護你，也不能要求對方順從你。

男女愛只存在兩人之間，不涉及第三者。你只管你愛不愛對方或對方愛不愛你。你別管對方是否愛別人或別人是否愛對方。男女愛無法獨佔，也不必獨佔。你無法獨佔對方，除非對方心中只有你。對方無法獨佔你，除非你心中只有他／她。

你若深愛對方，心中自然只有他／她。對方如果深愛你，心中自然只有你。你不必擔心，也不必猜疑對方是否只有你。如果你心中不只一個人，不必歉疚，也不必有罪惡感。你只是愛得不夠深。如果對方心中不只你一人，不必喪志，也不必氣憤。他／她只是愛你愛得不夠深。

男女愛是心靈與肉體的直接接觸，不是視覺與聽覺的隔空接觸，更不是想象與幻想的虛無相思。如果你因工作忙碌難得見面或因相距遙遠無法見面，就必須放棄你的愛，不要拖累人。不實際的愛寧願不愛。手中鳥總比林中鳥值得人愛。

男女愛是享受，不是折磨。當你發現對方不適合你或會帶給你苦惱，就不要勉強在一起。本性難改，環境難移。千萬不要期待，你的愛會改變對方的本性或環境。如果會改變，也只是一時，不會永久。會讓你痛苦的愛要早日丟棄；會讓你快樂的愛要好好珍惜。

當你提出分手時，對方若會對你懺悔，對天發誓，找人說服，你千萬別
心軟，否則，會自討苦吃。如果對方狂叩你，跟蹤你，圍堵你，甚至威
脅你，恐嚇你，要殺你，你就碰到了恐怖愛人。此時，你若有能力，就
去反制他/她；你若無能力，就要逃避他/她。你千萬別再理會他/她。

有愛比無愛好；無愛比痛苦的愛好。你若是無愛就要努力，不要焦慮；
你若是有愛就要快樂，不要痛苦。只有你自己知道是否愛人；是否有愛
的快樂。只有你自己能夠決定是否繼續；是否放棄。

長期的愛可以長期享受，不是青春的浪費。短期的愛可以短期享受，不
是戀愛的效率。你若要享受長期的愛，就必須找到追求長期愛的對象。
你若要速愛速婚，就要找到追求短期愛的對象。你千萬不要找錯對象，
否則，會帶給你困擾。不管長愛或短愛，只要兩相情願就是真愛。

如果有人值得你愛，你卻不愛；如果有人不值得你愛，你卻去愛，你就
會享受不到愛的快樂；你就會遭受愛的痛苦。有時候，值得你愛的人卻
不能愛；不值得你愛的人卻不能不愛，你就會陷入不能愛卻想愛；能愛
卻不想愛的泥沼中，難以自拔。

如果兩人真心相愛，就會萌生長相廝守的念頭，產生共組家庭的渴望。
於是，就會以嚴肅的態理和理性的規劃去面對婚姻的問題。你將會結束
心性快樂的愛情，轉向幸福生活的婚姻。

或許愛人會成為配偶；或許愛情會成為婚姻，但是，只能順其自然，不
能勉為其難。你不要因為愛人無法成為配偶而傷心。你不要因為愛情無
法成為婚姻而心碎。你只能享受現在的快樂，不要期待未來的幸福。

有人用夫妻情去談戀愛；有人用男女愛去談婚姻。結果卻得不到愛情的
快樂，也得不到婚姻的幸福。許多人都以結婚為條件去談愛情，好像無
法結婚就不能戀愛。許多人都在婚姻中苛求愛情，好像沒有愛情就沒有
婚姻。你必須改變這種思維，讓愛情回歸愛情；讓婚姻回歸婚姻。

多少人在談愛；多少人在戀愛，卻鮮少人懂得愛；鮮少人愛得好。有人把愛當情；把愛人當配偶；把愛情當婚姻。有人把男女愛當夫妻情；把夫妻情當男女愛。人們常把愛與情混為一談，要人在愛情中付出，也要人在婚姻中付出，好像不付出就沒有愛，就沒有情。結果讓許多人為愛所困，為情所苦。

真愛是彼此的接受，不是相互的付出。真情是相互的付出，不是彼此的接受。你若把真愛當真情，肯定得不到愛的快樂。你若把真情當真愛，一定得不到情的幸福。請用男女愛去談戀愛；請用夫妻情去談婚姻。若能如此，你將會享有愛情的快樂；你將能擁有婚姻的幸福。

在人生中，男女愛與夫妻情佔了大部分的歲月。可是，依然有許多人深陷在愛與情的糾葛中矛盾著，掙扎著，痛苦著。問世間愛為何物，情為何物，直教人生死相許。你是否真的了解愛與情的真締？你是否真的享有男女愛的快樂？你是否真的擁有夫妻情的幸福？請細思我對愛與情的詮釋。請提出你對愛與情的想法。讓我們一起思考這個千古的難題。

08　　愛是自己決定的

2020/12/30

人有愛人的需求，也有被愛的需求；有接納的需求，也有被接納的需求；有付出的需求，也有被回饋的需求。但是，你無法要求別人愛你；接納你或是回饋你。你只能依自己的意願，決定是否要愛人；是否要接納；是否要付出。

你可以決定多愛人，少愛人或不愛人。你可以決定多接納，少接納或不接納。你可以決定多付出，少付出或不付出。你一旦決定要愛人，要接納或要付出，就要心甘情願，不要抱怨。

愛是自己決定的，不是別人決定的。你決定要愛人，人不一定會愛你。你決定要接納，人不一定會接納。你決定要付出，人不一定會回饋。

別人的愛是別人決定的，不是你決定的。別人愛你，你不一定要愛他。別人接納你，你不一定要接納他。別人為你付出，你不一定要回饋。

愛是雙方的，不是單方的。你愛人也需要人愛你。人不愛你，你就不能愛他。你接納人也需要人接納你。人不接納你，你就無法接納他。你付出也要人付出。人不付出，你就不必付出。

有些人愛上人，就要人愛他。人若不愛他，就要猛追死纏，要不然就會惱羞成怒，攻擊或報復。有些人偏偏不愛人，卻要接納別人的付出，勉強去愛人或是最後切了愛。

曾經相愛過的人一旦分手，有人會淡定；有人會懷恨。如果你不再愛他，就會淡定；如果你仍然愛他，就會懷恨。世上很少有情人分手還能相互祝福的人。

愛情、金錢與權力是人的三個主要欲望。沒有時，會努力追求；得到時，卻不加珍惜；失去時，就怨天尤人。人對愛情、金錢與權力的欲望是無止境的，再多也不會滿足。貪得無厭的結果，終會造成了困擾，陷入了苦境。

人總是期待別人的愛和付出，卻吝於自己的愛和付出；總是希望別人多愛一些、多付出一些，卻不願自己多愛一些、多付出一些。自私自利的結果，終究會失去別人的愛和別人的付出。

愛是自己決定的。你決定自己的愛；別人決定別人的愛。你要肯定自己的愛；你要尊重別人的愛。你要接納別人的付出，就要為別人付出。你要別人回饋你，就要回饋別人。你倆若懂得這個道理，就能愛出激情來；就能享受愛的甜蜜。

第2章

戀愛

01 戀愛

2019/8/14

沒有情的世界不會美麗；沒有愛的人生不會光彩。愛是快樂的源泉，生命的元素。在人生中，只要有過一次激情的戀愛，就不虛此行。戀愛不是年輕人的專利，也不是老年人的禁忌。活到老愛到老是人的權利，也是人生的目的。世上沒有不能戀愛的人，只有不想戀愛的人。

戀愛是深邃的自我理解與溫馨的對待他人。戀愛是在豐富自己，滋潤別人。戀愛不需形影不離，只要惺惺相惜。戀愛是喜劇，不是悲劇。戀愛必須激情，不能平淡。

戀愛是要找一個舞伴，共同舞出一個完美的舞曲。戀愛的對象必須是一見鍾情和再見談心的人。戀愛的對象必須是一個能緊緊纏住你的心，讓你無法自拔的人。戀愛的對象必須是一個有共同思想與嗜好，能分享心靈世界的人。戀愛的對象決定戀愛的品質與成敗，千萬別浪費心思與時間在一個不適合的對象上，那只會帶來一場空，一陣痛。

當你能跟你的戀愛對象談上 N 個小時而不覺厭煩；當你對戀愛對象的親密言語不覺噁心，你就愛上他了。如果你愛上他，就必須告訴他，免得彼此猜測；如果你不愛他，也必須告訴他，免得彼此傷害。

有三種人不適合談戀愛：(1) 太忙的人；(2) 太窮的人；(3) 離太遠的人。太忙的人無法專心談心；太窮的人會涉及金錢；離太遠的人無法在你需要的時候出現。要知道，身心的接觸勝過視訊的接觸；視訊的接觸勝過信函的接觸。

戀愛中，你必須認同他的想法，接納他的說法，支持他的做法。你必須用他喜歡的方式去談戀愛，不能用你喜歡的方式去談戀愛。

戀愛必須刻骨銘心，終生難忘。你必須譜一首歌，用嘴唱給他聽，用眼傳遞你的愛意。你不僅要擁抱他赤裸的身體，也要燃燒他熾熱的心靈。

你必須向他證明：什麼是深愛的典範。戀愛不在昨天，不在明日，就在此時此刻。你必須讓愛達到最高峰，去震撼整個世界。

不可用金錢去買愛。會在你有錢時出現的人，就會在你潦倒時離去。會為你灑錢的人，也會為別人灑錢。金錢會使愛情變質、變調、變仇人。

戀愛中，不要作任何承諾，也不要要求任何承諾。沒有人可以保證未來，沒有人可以承諾未來的愛。沒有承諾，就沒有背叛；沒有被承諾，就沒有被背叛。

戀愛必須接受不被愛的挑戰。你不能限制你所愛的人不去愛別人，你也無法禁止別人不去愛你所愛的人。你有權利去愛人，別人也有權利不愛你。你有權利不愛人，也有義務不被愛。愛你的人若無更好的選擇，就不會去愛別人；若有更好的選擇，就不會再愛你。有自信的人必須向你所愛的人證明：世界上沒有比你更好的選擇。

02　性愛

2019/1/10

食慾、財慾、物慾、知慾、權慾、情慾和性慾都是人類的基本需求，也是幸福人生的重要指標。我們每天都在追求食物、金錢、物質、知識、權力、情感與性愛，沒有人可以拒絕或逃避。我們可以高談闊論食物、金錢、物質、知識、權力和情感，就是不能公開談論性愛，否則，就會被認為是齷齪變態、傷風敗俗、擾亂社會，甚至會以散佈色情言論而被定罪。人們一方面追求性愛，另方面撻伐性愛；一方面享受性愛，另方面醜化性愛。性愛已成為只能在暗地做，不能公開說的秘密，更成為既喜愛卻怕被傷害的禁忌。一般人對性愛只是一知半解，甚至誤解、曲解。不做心頭亂，做了沒高潮，甚至索然無味。有了食慾就要進食，而且要享受美食；有了性慾就要做愛，而且要享受高潮。

性愛是肉體與心靈的結合，不是單純性器官的結合。性愛是融合技術與美學的藝術，不是單純性慾的發洩。性愛是雙方的享受，不是單方的滿足。性愛是雙贏的遊戲，都是贏家，沒有輸家。性愛是生命力的展現，沒有性愛就沒有生命的活力。性愛一旦被挑起，就會愛無反顧。性愛是普世價值，沒有文明與野蠻之分。

男人不能只為自己享受性愛，還要幫助女人享受性愛；女人不能只為自己享受性愛，還要幫助男人享受性愛。男人要用話語開啟女人的心扉；用愛撫挑逗女人的愛意。男人不僅要享受女人赤裸的身體，也要享受女人熾熱的心靈。女人要用眼神回應男人的挑逗；用嬌聲呼應男人的性慾。女人不僅要勇敢解放自己，也要盡情享受男人。

在性愛中，雙方都是完美，沒有瑕疵。男人眼中的女人就是美麗的天使；女人眼中的男人就是帥氣的英雄。在性愛中，男人要讚美女人的美；女人要稱讚男人的好。性愛必須完全放縱自己的野性，不能壓抑，不能有齷齪感，不能有罪惡感；否則，就無法達到真正的高潮。

性愛是由前戲、過程和後戲所構成，不能中途停頓，也不能只做部分。性愛如一波波的潮水，不停的湧現，不斷的衝激，直到完全平靜。如果做完愛仍有意猶未盡，就是不完整的性愛。如果做完愛，心有虧欠或後悔，就是沒有真愛。

早上做愛可以享受一日的愉悅；晚上做愛可以享受一夜的好眠。性愛是最好的紓壓，讓人過得快樂、睡得好眠。你要珍惜今天今夜和此時此刻；你要向自己證明，你已實現了性愛的原理；已嚐到了性愛的樂趣。

錯誤的觀念會影響性愛的品質。有人有處女處男的情結；有人有唯一專屬的觀念；有人有男主動女被動的成見；有人有女蕩是賤的偏見；有人有為生育而性愛的誤解。這些錯誤的觀念都扭曲了性愛的本質，阻礙了性愛的樂趣。

有些情侶認為，不能在婚前有性關係；有些情侶認為，不能主動要求性愛。有些夫妻認為，老夫老妻就不需要性愛；有些夫妻常以忙碌或疲倦，

作為拒絕性愛的藉口。其實，這些都是錯誤的觀念。情侶之間或夫妻之間，只要真心相愛就可以做愛。如果不想做愛，就不要做愛，不要勉強自己做愛，也不必找藉口，更不能有委屈。

不做愛有三個因素：第一是生理上的不能做；第二是心理上的不想做；第三是技術上的不會做。人是因為不愛而不想做愛；因忽視性愛而不會做愛。男女雙方都必須克服這三個障礙，不要讓自己的性器官萎縮或乾涸；不要讓自己成為無性情侶或無性夫妻。

有些夫妻習慣不做愛；有些夫妻不跟配偶做愛，卻禁止配偶跟別人做愛；有些夫妻禁止配偶跟別人做愛，自己卻去跟別人做愛，這些都是不正常的夫妻。夫妻能做愛卻不想做愛；想做愛卻不能做愛，都是一種折磨，都會影響夫妻的情感。性愛是天生的本性，也是快樂的泉源。沒有人有理由反對性愛；沒有人有藉口拒絕性愛。

本文是從人性的觀點出發，探索性愛的原理，沒有絲毫猥褻或煽情的意圖。本文只供參考，不做指導。如果你不贊成我的想法，請不要生氣或憤怒，也不必譴責或攻擊，只要莞爾一笑就好了。如果自己不想做愛，也不必反對別人做愛。如果自己不能享受性愛，也不必反對別人享受性愛。性愛這檔事，當事人說的算，沒有一定的準則。只要按照彼此都可以接受的想法和做法，盡情盡力去享受性愛，就是一個性愛高手。

03　為知己者愛

2021/9/7

榮獲今年挪威「阿曼達獎」的最佳影片「女畫家與偷畫賊」，在描述一個女畫家因為偷畫賊說了一句「因為畫作太美了」，而觸動她的芳心，並想為他作畫。

偷畫是竊盜的行為，也是人人都痛恨的行為。但是，由於偷畫賊懂得畫

作的美，不僅被女畫家原諒，還被女畫家喜歡。這是一部由女畫家芭博拉潔西科娃親自主演的紀錄片，也是一個真實的故事。

戰國策有一句名言：士為知己者死；女為悅己者容。我將這句名言改寫成：智者為知己者愛；凡人為悅己者容。所謂智者 (wise man) 是有智慧和有智謀的人。所謂知己 (confidant) 是瞭解和賞識自己的人。所謂愛 (love) 是強烈的情感或是依戀。所謂凡人 (mortal) 是尋常的或是平庸的人。所謂悅己 (joy) 是喜歡或是欣賞自己的人。所謂包容 (tolerate) 是寬容或是接受別人。

一般的人大都是為悅己者容；厭己者斥。別人喜歡你，你才會包容他；別人討厭你，你就會排斥他；別人仇視你，你就會報復他。你喜歡別人，不一定懂得別人；別人喜歡你，不一定懂得你。情緒性的喜歡隨時都會改變，無法長久保留。如果別人不再喜歡你，你就不會再包容他。

要知道一個人的表象（如美貌、財富、權力、名氣等）很容易；要懂得一個人的本體（如人格、思想、智慧、才能、作品的美好等）很困難。若非有專業知識與素養的智者，就難以懂得或是欣賞無形的本體美。智者可以從一句話、一篇文、一本書、一首歌、一幅畫、一座雕塑、一幢建築中，懂得與欣賞蘊藏在本體中的美好。

有人可以懂得你的作品；有人可以懂得你的創意；有人可以懂得你的思想。有人喜歡你的作品；有人喜歡你的創意；有人喜歡你的思想。懂得你的作品、創意或是思想的人，不一定會喜歡你的作品、創意或是思想。如果有人能懂得又能喜歡你的作品、創意或是思想，就是你的知己。

知己難遇；知音難求。若能遇到一個真正的知己，就能夠與他分享知音的喜悅，就會產生強烈的情感，甚至萌生愛情。為知己者愛，是智者之間的理性互動，不僅能夠互相瞭解，也能夠彼此欣賞，雙方都能獲得成長。

你可能會犯錯，也可能會犯法；知己也可能會犯錯，也可能會犯法，但是，在知己的世界裏，雙方都能包容或是接受彼此的犯錯或是犯法。偷畫賊因懂得也喜歡女畫家的畫作而偷竊；女畫家因獲得難得的知己，而包容或接受偷畫賊。這不僅合理合情，也可以被接受。

如果士可以為知己者死，為什麼智者不能為知己者愛？如果你的知己是
一個為非作歹的人，你是否能包容？你是否能接受？你是否能有愛？相
反地，如果有一個條件極好，又深愛你，卻不懂得你，也無法與你分享
的人，你是否會將他視為你的知己？

在這個思想沙漠的世界裏，大多數的人都是不懂得別人，也不被別人懂
得；喜歡別人，卻不懂得別人；懂得別人，卻不喜歡別人。如果能夠在
人生中，遇到一個既能懂得又能喜歡你的人，就是最好的福氣；就是最
值得你愛的人。

04　　勇敢說愛

2021/6/16

在人生的旅途中，每一個人都有機會遇到真心喜愛的人。但是，有些人
因敢於說愛，而獲得了真愛；有些人因怯於說愛，而錯過了真愛。

一般來說，男性比女性更敢於說愛，也比較容易接受愛。他們比較能夠
承受被拒絕的窘境。相反地，女性常基於表面的矜持，而怯於說愛，也
難以接受愛。她們比較無法忍受被拒絕的羞辱。因此，男性通常比女性
更有機會獲得真愛。

隱藏真愛是失落；忍受不愛是痛苦。兩者都是人生中無法彌補的憾事。
我們常因少說一句話，而錯失真愛的良機；因少說一句話，而忍受長期
的痛苦；因少說一句話，而改變了自己的人生。

人人都有愛人的權利；人人都有被愛的資格。不要認為自己的條件差，
而不能愛人或被愛；不要認為自己有戀人，而不能愛人或被愛；不要認
為自己已結婚，而不能愛人或被愛。

不管基於什麼理由，你若有真愛，就要勇敢說出來。你可能會被接受；你可能會被拒絕，但是，都不是你的錯。你要說真心的話，不要說違心的話。只要是真心，你就沒有錯。

你若有真愛，就要勇敢接受愛。你若不愛，就要明確拒絕愛。你不能有愛拒絕愛，無愛接受愛。你必須讓他知道，你也愛著他或是根本不愛他。只要說出真心話，你就沒有錯。

你若有真愛，卻不敢說出愛，就是沒有愛。你若有真愛，卻不敢接受愛，就是沒有愛。你明明有真愛，卻不說愛，就是糟蹋愛。你明明不要愛，卻接受愛，就是折磨愛。

愛是知心的互動，不是要偷情，也不是要結婚。你不要因真愛而自我譴責；你不必為真愛而愧對別人。

有人因不敢說愛，而活在真愛的空虛裏；有人因不敢說不愛，而活在無愛的生活中。你若敢說出愛；若敢接受愛，就能活在有愛的幸福裏。

愛人與被愛是人類的天性，也是幸福的泉源。人人都需要愛人；人人都需要被愛；人人都不能只愛自己。世上難得有人懂得真愛；難得有人享受真愛；難得有人擁有幸福。請重新思考愛的真諦；請重新接受愛的考驗。你必須踏出真愛的第一步；要對愛勇敢說 yes。

05　　愛的眼神

2021/5/5

眼睛是靈魂之窗；眼神是靈魂之波。我們用眼睛看人物；用眼神傳達心意。眼神是最直接和最真實的展露，不會隱瞞，也不會欺騙。

如果你的心中有感情，眼睛就會明亮；眼神就會閃爍。如果你的心中沒有感情，你的眼睛就會暗淡；眼神就會冷漠。

在眼神的交流中，彼此會投射自己的心意和感情；彼此能懂得對方想表達而說不出口的話。雙方即便不說一句話，也能夠談真心的話。

在愛的世界裏，有人用語言表達愛；有人用文字表達愛；有人用行動表達愛；有人用眼神表達愛。用語言、文字或行動表達愛，總會有虛假，只有用眼神表達愛，才會是真實。

在你的眼神中，有難以表達的自然情慾；有不為人知的愛恨情仇；有無人了解的委屈哀怨。你不必表白，也不必揭露，你只要默默的將眼神投射在對方心靈的波心。

如果你的心中充滿愛，你的眼神就會聚焦在對方身上，不會左顧右盼，也不會飄忽不定。如果你的心中沒有愛，眼神就會冷漠和不在乎，不會有溫柔，也不會有熱情。

愛的眼神相繫兩顆戀人的心，讓彼此的靈魂對話。如果你真心愛對方；如果對方真心愛著你，你們一定懂得彼此眼神中的心意；一定能夠領悟彼此心靈中的渴望。

有些人能夠在瞬間流露自己愛的眼神；有些人能夠一眼感受到對方愛的眼神。如果你是一個有思想的人，就更能揭露自己愛的眼神；就更能看穿別人愛的眼神；就更能進入愛的世界。如果你要談一場激情的愛，就要讓自己成為一個有思想的人。

你要用眼神傳遞你心中的愛；你要用思想接納別人愛的眼神。你們要用愛的眼神去談戀愛；你們要用愛的眼神去融合彼此的靈魂；你們要用愛的眼神去享受愛的喜悅。

心靈與行為一致，才是真實的愛，而心靈的愛就是愛的眼神。如果你不會運用愛的眼神，愛就不完美。你的眼神會幫你說出「我愛你」；他的眼神會幫他說出「我愛你」。在你們愛的眼神的交會處，愛就在你們的身上發生；愛就在你們的世界滋長。

06 相愛容易不容易

2022/8/14

關於相愛容易還是不容易，坊間有兩首歌曲可以作為代表。一首是由李安修和林利南作詞，陳耀川作曲，蔡幸娟主唱的《相愛容易相處難》；另一首是由黃雅文作詞，黃仁清作曲，陳聖芬主唱的《相愛不容易》。有人認為相愛容易；有人認為相愛不容易。有人在情場稱心得意；有人則屢戰屢敗。每個人都會依照自己的想法與做法去談戀愛，也會依據自己的戀愛經驗，認定相愛容易或是不容易。

一般人會認為，男女之愛是真心相待、接受一切、容忍過錯、犧牲奉獻、為對方著想、長相廝守等等，若不如此，就是不愛，甚至是背叛。一般人在相愛之前，都會輕易認為，自己懂得愛，也能夠實踐愛的諾言，但是，相處之後，才會發覺自己做不到，或是對方不履行，而放棄愛。有些人自己知道，愛並不容易，相愛更是困難，所以不敢輕易嘗試，即使嘗試，也不敢勇敢面對。男女在相愛之前，必須先愛對方，才能被對方愛，才能相愛。如果自己不愛對方，即便對方有多愛，也無法相愛。

在討論愛與相愛之前，必須對男女之愛加以定義和詮釋，才能往後推論。如果不知道男女之愛的明確定義，而只憑著自己的想像或感覺，去評論愛情，就有失精準，也難有完整。每個人對於男女之愛都有不同的定義、想法和做法，沒有公認的準則。在評論愛情該如何經營之前，必須針對愛情的定義，作出明確的界定和解釋，然後，才能進一步探討愛與相愛的細節問題。

依我個人的淺見，愛是熾熱的喜悅情感；喜悅是強烈的快樂情緒。易言之，人與人相處是先有快樂，才有喜悅，再能產生愛。如果不快樂或不喜悅，就不會有愛。至於男女之愛，則是由心靈的喜悅與身體的喜悅所引發的熾熱情感。易言之，就是由心性的喜悅所產生的情感，也就是由談心和談性所引發的情感。如果無法談心和談性，或是無法從談心和談性中得到喜悅，就沒有男女之愛。

如果上述的定義成立，那麼，相愛就是男女雙方都能享受談心和談性的喜悅。如果只能談心不能談性，或是只能談性不能談心，或是只有單方有愛，就無法相愛。談心談性可以很容易，也可以不容易。戀愛的雙方必須具有相似的價值觀、人生觀、處世觀、生活美學、興趣或嗜好，才能談心。雙方必須長期相處互動，彼此都能產生深愛的情感，才能談性。如果雙方都能談心談性，相愛就可以成立。相愛的結果，或許能夠結婚，或許以分手收場。相愛並不保證一定能夠結婚；不能夠結婚並不表示不相愛。戀愛與結婚是不同的兩件事，必須明確劃分，不能混為一談。

大多數的人都以結婚為前提，與異性交往，並以擇偶的條件，選擇戀愛的對象，例如，個性、外貌、教育、職業、所得、家庭等條件。不管能否談心談性，只要對象的條件好，就值得去愛；只要自己的條件好，就值得被愛。如果雙方的條件很接近，就比較容易相愛。如果對方的條件比自己好，就會比較愛對方，就不容易有均衡的愛。如果自己的條件比對方好，就會比較不愛對方，就不容易有均衡的相愛。因此，除非門當戶對，或是條件相當，否則，均衡的相愛並不容易。相愛如果不均衡，就容易失衡，愛就難以維持。

另有一種人，只以一種條件作為愛人的依據，例如，只以外貌或財力取人。一般人都認為，男人都愛美麗的女人；女人都愛富裕的男人。只要是美麗的女人，就有許多追求的男人；只要是富裕的男人，就有許多追求的女人。因此，有許多美麗的女人會與富裕的男人相愛；有許多富裕的男人會與美麗的女人相愛。美女富男的戀愛組合就容易相愛；醜女富男或美女窮男的戀愛組合就不容易相愛。當然，也有男人喜愛富家女；女人喜愛英俊男的人。這種情況下，英俊男與富家女就容易相愛；英俊男與窮家女，或是醜陋男與富家女就不容易相愛。

有一些些的人抱著愛就是性的觀念，一味追求性愛的滿足。有一些些的人抱著因為有愛所以性愛的想法，勉強自己接受性愛。有一些些人因為有性的滿足，而無法放棄不值得愛的人。重視性愛的人往往會貪得無厭，不會只滿足於固定的對象，所以常常會腳踏多條船，不會專情於一個人，

也不會只與一個人相愛。如果戀愛的雙方都抱持這種觀念，相愛是容易的。如果只有單方具有這種觀念，相愛是不容易的。

我們常常聽到有人抱怨，愛得好辛苦或愛得好痛苦。究其原因，大概有三個因素。第一是把愛情當成婚姻；把戀人當作配偶。如果對方只想當戀人，不願意結婚，或是有其他因素無法結婚，就會愛得辛苦或痛苦。第二是以結婚條件作為戀愛的依據。一旦有更好條件的對象出現，就會移情別戀。例如，若有更美或更富的人出現，就會放棄舊愛。第三是明知不能愛，偏偏無法放棄愛。無法放棄愛的因素很多，例如，不甘心付出的愛付諸流水，或是無法克制自己的情慾。愛應該快樂，不該痛苦。痛苦的愛就不是愛；痛苦的相愛就不是相愛。

容易與不容易是相對的，不是絕對的。你可以把一件容易的事轉變成不容易；可以把一件不容易的事轉變成容易。戀愛也是一樣，只要能夠改變自己對愛的想法與做法，就可以把不容易的戀愛轉變成容易的相愛；其實，相愛不需要任何條件，只要能夠談心和談性，就能相愛；只要能夠在相處的過程中，得到身心的喜悅，就能相愛。談心是踏進愛情世界的關卡；談性是促進彼此相愛的關鍵。如果能夠順利解開談心之鎖；如果能夠共同開啟談性之門，就能夠容易的相愛。相愛容易不容易，只有自己能夠解答；只有自己能夠體會；只有自己能夠決定。

07 當男人戀愛時

2021/4/16

報紙上寫道：〈當男人戀愛時〉這部電影，登上全臺票房冠軍。臺灣人喜歡這部電影，因為它反映了臺灣社會的愛情觀。我也帶著好奇心購票觀賞。我聚焦在愛情這個主題上，不在意故事的情節或是演員的技巧。

依我個人的解讀，這部電影是在表達愛情的五個面向：第一是男人只看女人的外貌（如腳長或有香味）而決定愛情；第二是男人要耗盡心思討好女人，以表達炙熱的愛情；第三是女人會因男人為她犧牲而動以愛情；第四是男人自認無法給女人幸福時，就必須離開；第五是男友死了，女人也要成為媳婦般的家人。

我不知道編劇是要讚美這種愛情，還是要諷刺這種愛情。但是，我深信這是普遍存在臺灣社會的愛情觀。很多人正在進行這種愛情；很多人曾經經歷這種愛情。臺灣人的愛情觀最大的繆誤，就是把愛情當婚姻；把婚姻當愛情。此外，就是愛情與婚姻都必須獨佔，不能背叛。

人與人之間，必須談得來才能愉快相處；男人與女人之間，必須能談心才能彼此相愛。如果男人只重視女人的外貌，而忽略談心的重要，就難以獲得女人的青睞。愛情是透過談心的過程，逐漸由無愛到有愛；由愛到深愛。相反地，也會因為無法談心，而由深愛到無愛；由無愛到分手。

真實的愛情是兩情相悅，分享心性，不必付出，也不需犧牲。男女雙方因情意投合而相愛，不是要彼此犧牲才相愛。男人不需要用犧牲去表達自己的愛，也不需要用付出去擄獲女人的愛。男人只要能讓女人在談心中開心，就能獲得女人的愛。

如果女人會被男人的犧牲奉獻，而動情或愛戀，就是不懂愛。愛情是用來享受快樂的，不是用來呵護人或是被呵護的。男人或是女人都不能把犧牲或呵護當做愛情。如果你真心愛一個人，不會要對方為你犧牲，也不會為對方犧牲自己。雙方都應該為自己而活，只在相處時，享受在一起的快樂。

男人愛不愛女人是男人決定的；女人愛不愛男人是女人決定的。男人能不能讓女人幸福是女人決定的；女人能不能讓男人幸福是男人決定的。不要以為對方不會愛你；不要認為自己不能給對方幸福。如果對方不愛你，就會告訴你；如果你不能給對方幸福，對方就會讓你知道。

你不必自我猜測,也不要自作主張。你只要誠實做一個好的自己,對方就一定會愛你。

當你無法享受愛情時,愛情就必須結束。當愛人不再存在時,愛情就必須終止。男女之愛不是夫妻之情,不必生死相許。愛有深有淺、有長有短、有合有分。當愛情不再存在,緣盡情了,就必須放手,不再眷戀,更不必成為家人。

此外,很多人認為:愛是獨佔,不能同時擁有。你要愛一個人,就不能再愛其他人;否則,就是背叛,就要遭受社會的制裁和唾棄。其實,愛情有深愛,也有淺愛,而深愛和淺愛都是愛。沒有人有資格可以禁止別人去愛其他人;沒有社會有權利可以處罰腳踏多條船的人。你要問自己愛不愛對方,不要問對方是否屬於你。

在我們的社會裏,到底有多少人懂得愛情的真諦?有多少人能夠享受愛情的快樂?有多少人陷在愛情的苦境?有多少人因愛情而身敗名裂?不管你是認同或是反對我的愛情觀,請你一定要提出你的看法與意見。〈當男人戀愛時〉這部電影受到如此好評,我們必須質疑,到底好在哪裏?作為一個知識份子,你難道沒有責任說出幾句話或是寫出幾個字,表達你心中的感受嗎?

08 愛不該傷害

2019/11/11

上帝的愛是真的;撒旦的愛是假的。上帝的愛是享有;撒旦的愛是擁有。上帝的愛使人快樂;撒旦的愛使人痛苦。

以上帝之名愛人,不會給別人傷害你的能力,你也不會有被別人傷害的機會。

以撒旦之名愛人，才會給別人傷害你的能力，你才會有被別人傷害的機會。

真愛只有激情，不會傷害。會受傷害的愛不是愛。會傷害你的人不會真心愛你。

激情的愛或刻骨銘心的愛，才能你泥中有我，我泥中有你。

平凡的愛或食之無味棄之可惜的愛，不能你泥中有我，我泥中有你。

你必須把你的愛獻給愛你的人，不要獻給傷害你的人。

愛必須互愛，單相思的愛不是愛。你愛別人，別人才會愛你；別人愛你，才會得到你的愛。

你若愛上一個不愛你的人，或愛上一個傷害你的人，就是自我傷害。

你可以選擇上帝，從愛中獲得快樂；你可以選擇撒旦，在愛中承受痛苦。

有人說：當你愛上對方的同時，就是給了他傷害你的能力。其實，你會愛上一個人，就是因為他不會傷害你。如果他會傷害你，你就不會愛上他。如果他會傷害你，而你還會愛上他，你就是自取其辱。

另有一種說法，當你愛上一個人，他就會吃定你，不會珍惜你，也不在乎傷害你。其實，當對方不再珍惜你，或是會傷害你的時候，你就必須停止對他的愛；就必須離開他。如果你明知不能愛，卻無法不愛他，你就是自甘墮落。

還有一種說法，當你愛得愈深，對方就會愛得愈淺，最後變得不愛你，而造成對你的傷害。其實，當你發現對方開始冷落你、迴避你，甚至傷害你的時候，你就必須警惕自己，不要再深陷下去，也不要期待喚回對方的愛，否則，你就是自討苦吃。

愛不會也不該傷害你。如果你會被愛傷害，完全就是自己的錯。是自己太情性；是自己太執著；是自己誤解愛，才會造成自己被傷害。

09 追求愛與等待愛

2021/4/10

有不少優質男女，渴望愛，卻得不到愛。他們只會等待對象的出現，或是等待更好的對象的出現。他們不會積極追求，也不會真心示愛。於是，日復一日，年復一年，始終無法得到真正的愛。

有些人由於自己的某些小缺陷，而感到自卑。他們缺乏自信，深怕被拒絕而傷害了自己。他們不敢主動追求，即便有心儀的對象，也不敢大膽示愛。他們通常欠缺溝通技巧，拙於表達自己的心意。因此，很難獲得對象的青睞。

有些人憑著自己的好條件，自視甚高，沒有最好的，就乾脆不要。他們不輕易開口示愛，一心在尋找更好條件的對象，即使有正在交往的對象，也不會真心對待。他們甚至會腳踏多條船，從當中選擇最好的對象。由於一心多用，往往無法專心去愛一個人，而對象也會因得不到完整的愛而放棄。

大多數的女生都會基於女性的矜持，而不會主動追求愛，只會被動等待愛。即使有人表示愛，他們也羞於接受愛；即便自己的心中有愛；卻口說不愛，好像接受愛就是降低自己的格調。社會上有一種錯誤的觀念，認為男追女是正常；女追男是異常。因此，女性常比男性缺少愛。

有些人不懂得傾聽、表達、說服和化解尷尬的溝通技巧，無法營造良好的相處氣氛，而使雙方都會感到無趣或無聊，產生不愛的念頭，而逐漸疏遠。因此，若要得到愛，就必須要有追求愛的意志和溝通的技巧。

有人在追求愛；有人在等待愛。結果，有人得到愛；有人得不到愛。愛是追求來的，不是等待來的。追求來的愛是自己想要的；等待來的愛是別人想要的。追求愛不一定能得到愛，但是，有機會得到愛。等待愛可能得到愛，但是，可能永遠得不到愛。

人與人之間，因有良好的溝通，而能促進彼此的情感。男女之愛更需要溝通技巧，才能提升彼此的愛情。有些情侶的條件都很好，也很適合戀愛，但是，如果雙方或單方缺乏溝通技巧，就難以相愛。其實，愛情不需要什麼條件或道理，只要雙方談得來，彼此能夠愉快相處，就能得到好結果。

追求愛必須要有激情，不能平淡無味。所謂激情，就是熾熱的情感或愛意。有激情才有激烈的愛；有激烈的愛才有愛的樂趣。激情可以用看的，也可以用想的。看不到對方的愛，也可以想到對方的愛。即便天天不在一起，也可以感受到彼此的愛。

追求愛要心甘情願的付出，不能有任何勉強或委屈。不要以為自己的付出都是給對方的恩惠；不要認為別人的付出都是理所當然。要捨得自己的付出；要感謝別人的付出。要做自己所願；做自己所悅，不要做自己所怨；自己所苦。

追求愛的人懂得愛，也知道自己的理想對象，更有勇氣去實踐愛。等待愛的人不懂愛，也不知道自己的理想對象，更沒有勇氣去實踐愛。你要做一個追求愛的人，不要做一個等待愛的人。你要接受追求愛的人，要拒絕等待愛的人。

10　相知才能相愛

2021/5/31

男女之間必須相互了解，才能彼此相愛。如果彼此不了解，或是只有單方了解，就無法彼此相愛。

男人重視女人的美貌；女人重視男人的才能。要做一個有才能的男人，才能被女人愛；要做一個美貌的女人，才能被男人愛。

男人有主動追逐的快感；女人有被動挑逗的快感。不會積極追逐的男人，得不到女人的愛；不會享受挑逗的女人，得不到男人的愛。

男人需要女人的溫柔；女人需要男人的體貼。男人要懂得體貼女人；女人要能對男人溫柔。能體貼的男人和能溫柔的女人才能彼此相愛。

不管是男人還是女人，都要有思想，才能相知；才能相愛。如果雙方都沒有思想，男人只是男人，女人只是女人；男人永遠無法被女人愛；女人永遠不會被男人愛。

由於一般人常常把戀愛視為結婚的前奏；把戀愛的對象當成結婚的對象，所以在談戀愛的時候，往往只重視對方的有形的條件，而不了解對方的人生觀、價值觀、人格特質，生活習慣、生活品味、文化素養、人際關係等無形的特質。

男女相愛大都想要擁有對方，而忽略了解對方。等到結婚之後，才知道彼此並不了解，甚至誤解對方，因而產生了種種的婚姻問題。

如果情侶雙方都能彼此了解，就會知道對方是否適合自己以及自己是否適合對方。如果雙方都認為彼此不適合，就能夠和諧分手。如果只有單方了解對方，當他發現彼此不適合的時候，就會選擇離開。這個時候，對方就會認為自己被背叛，而懷恨或報復。

世上有許多情侶都以自己的想法和做法去談戀愛；都只知道自己想要什麼，不知道對方想要什麼；都只要求對方要了解自己，而不要求自己去了解對方。如果雙方都以這種態度去談戀愛，就注定會有失敗的戀愛。

如果你沒有意願或沒有能力去了解對方，就不要貿然去談戀愛，否則，不僅害了別人，也傷了自己。你必須先了解再去愛，不要先愛上再去了解。如果你能夠懂得相知才能相愛的道理，而且能夠切實實踐這個道理，就可以獲得成功且快樂的愛情。

第3章

分手

01 分手

2019/11/1

有開始就會有結束；有戀愛就會有分手。情人分手只有兩個原因：第一是提分手的人有了新的對象；第二是被分手的人有了錯的表現。情人分手不必說明理由，也不需追問理由。如果你要追問到底，只會苦了別人，傷了自己。

當一個複愛主義者有了新歡，不會向舊愛提分手；當一個獨愛主義者有了新歡，就會向舊愛提分手。當一個複愛主義者被分手，他不會在乎；當一個獨愛主義者被分手，他反會慶幸。不管是複愛主義者，還是獨愛主義者；不管是提分手的人，還是被分手的人，你都沒有理由反對分手。

如果你是一個大男人主義者、強烈控制欲者、自以為是者、花天酒地者、好賭成性者、好吃懶做者、暴力傾向者；如果你是一個拜金主義者、無理取鬧者、情緒失控者、尖酸刻薄者，逼人結婚者，那麼，你就是被分手的人。

當你無話可說，不說真話、不會在乎、不會關心、不會激情、不想分享、不想親熱、不想見面、不想聯絡、不想回應的時候，就是該提分手的時候。

請不要用傷害對方作為報復。如果你仍然愛他，為什麼要傷害他？如果你已經不愛他，又何必傷害他？愛是兩廂情願，沒有彼此虧欠。分手是情投意不合，不是背叛或仇恨。你若傷害對方，只是傷人害己。

請不要用逃避愛情作報復。愛是人類的天性，不能否定，也不能逃避。當你失去一個愛，上帝會補你另一個愛。當有人遺棄你，就會有人需要你。沒有人可以放棄對愛的追尋。

請不要用草率結婚作為報復。結婚攸關你大半輩子的幸福，不可不慎。你可以草率接受另一個愛情，你不能草率接受一個婚姻。草率結婚是對自己的懲罰，不是對對方的報復。

請學會忘記。男人只會記住最後一次做愛的女人；女人只會記住第一次獻身的男人。你若不是他最後一次做愛的女人，分手後肯定會被忘記；你若不是她第一次獻身的男人，分手後肯定會遺忘。既然分手後都會被忘記，何苦戀戀不忘？你要學會把他深鎖在你的心房裏，別讓他再出現。

請學會感謝。他曾經給過你一段快樂的時光；你也曾經跟他分享過一些愛情的甜蜜。在過去的愛情裏，你已嚐到了愛情的真諦與喜悅。是他讓你擁有這些美好的回憶，你有什麼理由不感謝他？你也應該祝福他，希望他沒有你的日子會更好。

請要學會希望。當明天的旭日昇起，親愛的，請將昨夜的眼淚洗淨，把自己打扮得美美帥帥的，哼著歌踏出家門。不遠處，你會發現有一位美女帥哥正微笑著向你招手。

02　　　放手愛情

2019/12/23

愛是在追求談心的喜悅與談性的歡愉。愛必須是快樂，必須是美好。愛不能有痛苦，不能有瑕疵。

如果你的愛會讓你傷心難過或痛苦痛恨，就是你不懂愛，錯把愛情當婚姻；錯把愛人當配偶。

在戀愛中，當每增加一次的相處，你的邊際快樂超過邊際不快樂時，就值得你繼續愛下去。當每增加一次的相處，你的邊際不快樂超過邊際快樂時，就值得你放手這段愛。

如果你愛他／她，而他／她也適合你結婚，你就跟他／她談愛情，也跟他／她談婚姻。

如果你愛他／她，而他／她卻不適合你結婚，你就只跟他／她談愛情，不要跟他／她談婚姻。

如果你不愛他／她，而他卻很適合你結婚，你就跟他／她談婚姻，不要跟他談愛情。

如果你愛他／她，而他／她卻不愛你，你憑什麼會受傷害？如果你不愛他／她，而他／她卻愛你，你為什麼會受傷害？

愛不是獨佔。每個人都有相同的權利去愛 N 個人；每個人都有相同的權利從 N 個愛人中選擇最適合結婚的人；每個人都有相同的權利愛其所愛，婚其所婚。你可以愛他／她，也可以愛別人；他／她可以愛你，也可以愛別人。

每個人都有權利放手愛；每個人都有義務接受被放手。該放手而不放手，就是自我折磨；被放手而不甘被放手，就是不尊重人。

如果你因放手人而自譴；如果你因被放手而痛苦，你就是不懂愛。如果你罵放手的人是渣男或賤女，你就是徹底的無知。如果你不愛他／她卻勉強自己去愛他／她，你就是道地的笨蛋。

03　何時該分手

2019/12/21

根據效用原理，邊際效用大於邊際成本，或是邊際正效用大於邊際負效用時，才有擁有的價值。如果邊際效用小於邊際成本，或是邊際正效用小於邊際負效用時，就可以放棄、放手或分手。

所謂邊際 (margin) 就是每增加一個單位的損失，可以獲得的利益。凡是邊際利益大於邊際損失，就是值得做的事；凡是邊際利益小於邊際損失，就是應該放棄的時候。

當投資的邊際收益小於邊際投入時，就應該放棄這個投資。

當生產的邊際產量小於邊際成本時，就應該放棄這個生產。
當勞動的邊際所得小於邊際勞苦時，就應該放棄這個勞動。
當消費的邊際效用小於邊際支出時，就應該放棄這個消費。
當友情的邊際喜歡小於邊際討厭時，就應該放手這個友情。
當愛情的邊際快樂小於邊際付出時，就應該放手這個愛情。
當婚姻的邊際幸福小於邊際犧牲時，就應該放手這個婚姻。
當生命的邊際快樂小於邊際痛苦時，就應該放手這個生命。

在愛情的世界裏，戀愛的快樂必須高於痛苦，才值得愛，否則，就不值得愛。當戀愛的邊際痛苦高於戀愛的邊際快樂時，就是該分手的時候。

我們常會以愛情的快樂總量，作為評估愛情係數的依據。易言之，就是從過去到現在的快樂總量，減去這段期間的痛苦總量，也就是淨快樂，若是正數，就值得愛；若是負數，就不值得愛。只要快樂的淨快樂為正數，即便當下愛得很痛苦，還是能夠接受。

其實，快樂或痛苦都是當下的感受，過去的快樂或痛苦都已經沒有意義。現在的邊際快樂與邊際痛苦，也就是每增加一個單位的愛，可以獲得的快樂或痛苦，所得到的淨快樂，才是最真實的感受；才是決定該不該愛的最重要因素。

何時該分手必須理性評估與判斷，不能意氣用事或是草率行事。如果應該分手而不分手；如果想分手卻無勇氣分手，就必須忍受痛苦的煎熬。

愛情是情性；分手要理性。明智的分手能使分手的戀人成為好朋友，不會成為陌生人，也不會成為仇人。

04　　分手之後

2020/8/27

男人與女人因有愛而戀愛；因無愛而分手。有人因單方不愛而分手；有人因雙方不愛而分手。分手總是令人難過。被分手的人當然會憤恨不平；分手人的人也不會好過。

戀人在分手之後，大致上有三種關係：第一是仇人關係；第二是陌生人關係；第三是友人關係。一般來說，愛之深恨之切。被分手的人愈愛對方，愈會恨對方。反之，則較能安然處之。

戀人一旦反目成仇，就會採取激烈的報復行為。有人會採取肢體暴力；有人會採取言語暴力；有人會採取電話暴力；有人會採取訊息暴力；有人會採取謠言暴力；有人會採取混合暴力。

戀人一旦成為陌生人，彼此就會形同陌路，老死不相往來。雖然如此，雙方並沒有恨對方，甚至還存有一點好感，只是彼此不再聯絡，也不再相思。

戀人一旦轉變成友人，就不會再談戀愛，只維持朋友的關係。這種分手方式需要雙方都十分理性，而且有非常正面的愛情觀。如果雙方還能維持好朋友的關係，就更加難能可貴。

此外，戀人若在情不得已的情況下被分手，甚至被迫斷絕關係，雙方可能就會藕斷絲連，繼續未了的情緣。表面上，雙方沒有瓜葛，暗地裏，則是舊情難斷。

戀人如果因雙方不再有愛而分手，就應該分道揚鑣，彼此祝福。如果因單方不再有愛而分手，也應該互相尊重，不該有恨。想想，你曾經深愛過這個人，也曾經享有過這個人給你的愛。你有什麼理由視他為仇人。

你若是把分手的戀人當仇人，甚至採取報復性的行為，就會傷害別人，也會傷害自己。你若把分手的戀人當陌生人，甚至相遇也不打招呼，就會糟蹋過去的愛，傷害現在的情。你若把分手的戀人當友人，就能擁有一個新戀人，維持一個舊友人。你若把分手的戀人當戀人，就失去舊戀人，也會失去新戀人。

凡是走過必留下痕跡；凡是愛過必留下回憶。愛情的回憶都是甜蜜的，不會是痛苦的。不管雙方在分手之後，演變成怎樣的關係，過去的愛永遠會留在自己的心坎裏。

如果你有過分手的經驗，分手之後，你是否依然有愛？是否完全不愛？是否心中有恨？你們是否還是戀人？是否還是朋友？是否已成陌生人？是否已成仇人？分手只要一句話；分手之後要靠智慧。你可以做一個意氣用事的人；你可以做一個有理有情的人。如果你與戀人分手之後，還有剪不斷理還亂的困擾，你就不是一個有智慧的人。

05　　情傷

2021/11/9

情傷是失去愛情後的傷痛。失戀之後，有人有嚴重的情傷；有人有輕微的情傷；有人則無任何情傷；有人會傷害自己；有人會傷害對方；有人會不傷害任何人。

愛是彼此的享有，不是相互的擁有。情侶合則愛，不合則分。你無法強迫對方要愛你；對方也不能強迫你要愛他。你不愛對方，不是對方不好，而是對方不適合你。對方不愛你，不是你不好，而是你不適合對方。你分手對方，不是你不義；對方分手你，不是對方無情。

情侶之愛是身心的享受，不該有煩；不該有苦，否則，就必須分手。你不能有煩有苦，卻不分手。對方也因有煩有苦，才與你分手。你有什麼理由怨人怪人？其實，情人分手是件好事。雙方都應該慶幸，沒有跟不愛你的人相愛；沒有讓愛情帶給你困擾。

如果你真心愛過對方，對方就是一個值得你愛的人。你不應該因分手，而否定對方的價值，也不應該把對方變成一個可恨的人。你曾經刻骨銘心的愛過；你曾經享有甜蜜的快樂時光。你怎麼可以因為分手，而有錐心刺骨的蝕痛？你怎麼可以因為分手，而有恨之入骨的情傷？

愛不該有傷，也不該有恨。如果你會有情傷，就是未曾真心愛過。你所以會有情傷，是因為你不懂愛的本質。你一心想要擁有對方，也一心想要對方擁有你。你們一心想要擁有彼此，不願彼此分離。雙方一旦分手，不僅是道德的背叛，也是切膚之痛。於是，開始責怪對方的無情；後悔自己的愚蠢；傷害自己；痛恨對方。

愛愈濃，恨愈深；愛愈久，傷愈重。你不捨自己的愛被遺棄；你不忍自己的愛被糟蹋；你不甘自己的愛被奪走。你滿是創傷；你滿是痛苦；你滿是怨恨。你心想報復；你心想詛咒；你心想毀滅全世界。你深陷情傷的漩渦裏。

專家學者常會教導人，如何療癒自己的情傷；如何奪回失去的愛情。其實，這些技巧都是紙上談兵，不切實際。一個人如果不懂得愛情的真諦，再多的技巧也無濟於事。即便你挽回對方的愛，傷痕依舊存在，無法完全去除。

如果你懂得愛情的本質與分手的藝術，當你遭逢被分手時，就不會有情傷。你會順其自然；你會隨心所欲。你依然可以成為他的朋友或知己。如果你喜歡，也可以繼續愛著他。在午夜夢迴時；在觸景生情時，你仍然可以想著他；你依舊可以愛著他。

分手之後，你不必刻意忘記他；你不必虛偽祝福他；你不必惡意攻擊他；你不必痛苦折磨自己；你不必否定愛情的真實；你不必拒絕再談愛。你要再度尋找愛情；你要繼續追求愛人；你要重新享受愛情的甜蜜。

世上有許多值得你愛的人，也有很多真心愛你的人。你不要為一個人傷心；你不要為一個人痛苦；你不要為一個人心碎。當你失去一個摯愛，就必須另找一個摯愛；當你陷入情傷，就要勇敢走出來，不要在情傷中，傷自己的心；傷別人的情。

06　把過去的戀人當現在的友人

2021/4/19

如果你懂得愛情與婚姻的不同，就可以把過去的戀人當成現在的友人。

愛情是在談心和談性；婚姻是在談家庭和談家人，兩者在本質上截然不同。適合談戀愛的人不一定適合結婚；適合結婚的人不一定適合談戀愛。適合當戀人的人不一定適合當夫妻；適合當夫妻的人不一定適合當戀人。

你不選擇他當老公，不是你不愛他，而是他不適合當你的老公；他不選擇你當老婆，不是他不愛你，而是你不適合當他的老婆。你不能因他不選擇你當老婆而不愛他；他不能因你不選擇他當老公而不愛你。

如果戀人不再是戀人。就必須把愛情轉換成友情；把過去談心談性的戀人轉變成現在談心不談性的友人。你可以擁有一個舊的友人，又得到一個新的戀人。你不能放棄一個舊的友人，又拒絕一個新的戀人。

如果你將愛情視同婚姻，就會把戀人當成配偶。戀人一旦分手，就變成仇人，老死不相往來。如果戀人有了新歡，就是大逆不道的背叛，

就該被譴責或是被報復。提出分手的人也會自覺虧欠對方，永遠逃避對方。

人因有緣而相遇；因知心而相愛；因相愛而結婚。相反地，人因無緣，無心或無愛而分離。戀愛可能會分手；結婚可能會離婚，這是人生的定律。任何想戀愛或是想結婚的人都必須要有這種覺悟。你不能要求他不能離開你；他也不能要求你不能離開他。

分手或是離婚都不是一件壞事。你失去一個不愛你的人，得到一個愛你的人；你失去一個不適合結婚的人，得到一個適合結婚的人，這難道不是一件好事嗎？

當不成戀人或當不成夫妻就要當一個好友，至少當一個朋友。你若有這種胸襟或是氣度，你就是一個懂得愛情與婚姻的人；你就是一個實踐愛情與婚姻原理的人。

第三篇　婚姻論

第1章

婚姻

01 婚姻

2021/7/27

婚姻是用來經營家庭的,不是用來談心說愛的。即使伴侶不認同你,不欣賞你,不崇拜你;即使你不認同他,不欣賞他,不崇拜他,只要家庭能夠經營得好,就值得你擁有;就值得你珍惜。

如果你的心裏起了離婚的念頭,卻不努力克服,婚姻就會亮起紅燈。如果你因有離婚的念頭,而向外求援,婚姻的危機就會來臨。

照顧是親情,不是愛情。周到的照顧是家庭的經營,不是愛情的經營。你不要以為照顧周到,伴侶就不會外遇。你要懂得伴侶的心意與需求,也要讓伴侶了解你的心意與需求。彼此相知,相伴,相惜,直到盡頭。

夫妻的關係是互補的,你越努力,伴侶就會越努力;你的貢獻愈多,伴侶的貢獻就愈多。如此良性互動的結果,家庭生活自然就會幸福美滿。

選錯結婚的對象是失敗婚姻的開始。不管是男人或女人,選擇結婚的對象,除了健康,才能和財力之外,還要考量對方是否能溝通,能理解和能包容。千萬不要只是為了男人的財富或女人的美貌而結婚,否則,就容易造成失敗的婚姻。

女人不能以夫為貴;男人不能以妻為傲。結婚之後,夫妻雙方都要繼續做自己。你就是你,不是老公或老婆。老公再偉大;也屬於老公,不屬於你;老婆再漂亮,也屬於老婆,不過屬於你。至於男主外女主內的觀念更不可有。千萬不要為了結婚,而犧牲自己的志業。

世上有美滿的婚姻,也有不美滿的婚姻,而且不美滿的婚姻往往超過美滿的婚姻。但是,沒有婚姻常常會造成不幸福的人生。因此,大多數的人還是選擇婚姻。結婚之前,要選對結婚的對象;結婚之後,就要努力經營婚姻。

婚姻生是否美滿，只有自己能夠體會。你的婚姻不一定是最好的，也不一定是最壞的。一定有人比你更美滿；一定有人比你更不幸。你要珍惜自己的婚姻；你要讓自己的婚姻幸福美滿。

02　結婚

2019/3/2

結婚是由愛情走向婚姻的橋樑，是愛情的結束，婚姻的開始；是快樂的結束，幸福的開始。從想結婚到完婚的這段期間，有長有短；有苦有樂；有期待也有害怕；有猶豫也有掙扎。但是，只要有理性和充分的準備，一定會是幸福婚姻的開始。

每一個人都有不同的結婚動機。有人是為了愛情、安全、逃避、征服或冒險而結婚；有人是為了父母的催促，社會的期待或家族的聯結而結婚。但是，也有人不想結婚，例如，沒有適當對象，害怕失去自由，不想麻煩，不想依賴或抗拒婚姻制度，甚至認為沒有結婚的必要。不管想結婚或不想結婚，結婚都是人生必須面對的課題。

結婚必須具備五個基本條件：第一要有心理上的成熟；第二要有心理上的正常；第三要有經濟上的獨立；第四要有家庭管理的能力；第五要有社會適應的能力。不要以為有結婚的權利，就可以隨意結婚，那只會造成不幸的婚姻。

關於結婚對象，你可以選擇一個多金的有錢人，但是，不能選擇一個揮金如土的敗家子，也不能選擇一個一毛不拔的守財奴。你可以選擇一個窮光蛋，也可以選擇一個醜八怪，但是，你不能選擇一個笨蛋。你可以選擇一個多情郎，也可以選擇一個負心漢，但是，你不能選擇一個暴力犯。

婚紗照是個永久的甜美記憶。但是過度奢華和高價的婚紗照則是商人的詭計。把人放在心裏，要比把人留在相片裏更有意義。每天看在眼睛裏，

要比偶爾回到記憶裏更有價值。如果有一天要離婚，你是要把相片丟進垃圾裏，還是留在身邊折磨你？

結婚宴是至親好友的祝福宴，不是炫耀個人財富，社會地位或人際關係的造勢宴。喜帖是要邀請真心祝福的人來參與，不是要用紅色炸彈亂炸人。當你在舞台上興高采烈時，請看看臺下有多少撈本的臉，多少無奈的臉，多少嫉妒的臉，多少搞笑的臉，多少冷漠的臉？

結婚禮金是部落社會結婚互助的習俗，不是現代社會應有的現象。如果你想藉著結婚募款，就是可悲；如果你想藉著結婚取利，就是可恥。收取結婚禮金不可為；嫌棄結婚禮金不足取。

要有新婚的規劃。婚後的生活比結婚重要。凡舉生理、心理、經濟、教育、休閒，照顧以及家人關係都必須及早規劃。尤其是家庭經濟更需確立原則，要採各自獨立型，一人掌握型還是共同管理型。有規劃總比無規劃好；周延規劃總比粗糙規劃好。

要有新婚的居所。結婚是脫離父母獨立生活的宣告。婚後若與父母同住，就是尚未脫離父母保護的孩子，也是對遷進夫家或妻家的新人的折騰。你可以擁有自己的房子，也可以租借別人的房子，你就是不能住在父母的房子。

要有新婚旅行。要在最甜蜜、最快樂、最無負擔的時候去旅行，不要在婚後攜家帶眷去旅行。新婚旅行必須是完全陌生的地方，才能體驗兩人相依為命，共同克服困難和培養生活默契的婚姻生活。多些旅行、多些經驗、多些回憶將是幸福婚姻的好肇端。

03　　婚姻適合度

2019/7/9

為了避免婚姻的後悔或失敗，婚前必須做好婚姻適合度的評估。如果適合度很高，就值得結婚；如果適合度很低，就不值得結婚。婚姻適合度的評估有四個步驟：第一是評估指標的設定；第二是評估量表的設定；第三是主觀評估的設定；第四是婚姻適合度的計算。

婚姻適合度的評估指標因人而異，項目眾多。一般可以分為有形指標和無形指標，前者如健康、經濟、住宅、汽車、父母等中指標；後者如個性、理性、人生觀、信賴、分享等中指標。如果要再細分，可在每一個中指標下，再設定各種小指標。例如，在經濟的中指標下，再細分成年所得、動產、不動產、資本財等小指標。

婚姻適合度的評估量表可採正五分位法，正負五分位法或其他尺度量表。若採正五分位法，就只考慮到適合度的高低，不考慮不適合度的程度，也就是說，適合度愈高愈值得結婚；適合度愈低愈不值得結婚。以正五分位法為例，適合度總值為 50，如果主觀總數值為 40，那麼，適合度為 0.8；如果主觀總數值為 20，那麼，適合度為 0.4。適合度在 0.1 到 1 之間，高於 0.5 就是高適合度；低於 0.5 就是低適合度。

健康不僅是個人問題，也是家庭問題；不僅是身心問題，也是經濟問題。不健康的人結了婚，往往會造成家庭的困擾，負擔與不幸。婚前，雙方都必須做健康檢查，若有疾病，就必須治療；若無法治療，就不適合結婚。

經濟不僅影響家庭的生活品質，也影響夫妻關係與子女的培訓教育。有高資產和高所得當然是最佳選擇。如果沒有資產，也要有高所得才適合結婚。如果是無資產又低所得就不值得結婚。婚前，雙方必須慎重評估財物計畫，如果兩人都認為可行、可接受、可實現，才適合結婚。

住宅不僅是財力的象徵，也是家庭生活的重心。最理想的結婚對象是擁有自己的住宅且無貸款的人。其次，是擁有自己的住宅但有可負擔貸款的人。第三是住在父母家而無需付租的人。最後，是租借別人住宅但可負擔房租的人。如果連租房子都有困難的人就不適合結婚。

自用汽車不僅是代步工具，也是生活的必需。凡舉上下班／學、購物、國內旅遊都需要依賴自用汽車。尤其是有了小孩之後，更不能沒有自用汽車。你可以沒有房子，不能沒有車子。沒有車子，絕難享受生活。你若要擁有妻子，就必須先擁有車子。

父母可以幫助子女成家立業，也可以毀滅子女的家庭幸福。如果雙方或單方有父母需要資助或照護，就必須付出財力、體力、心力和時間，對家庭生活影響甚大。尤其是需要與父母同住，負擔父母生活，照護父母起居的人更不適合結婚。千萬別將自己的壓力建立在別人的痛苦上。千萬別將別人的壓力扛在自己的快樂上。

個性不僅決定人生的成敗，也決定家庭的幸福。有些人的個性是積極、樂觀、果斷、開朗、幽默、溫和；有些人的個性是消極、悲觀、寡斷、沉悶、嚴肅、暴躁。有些人有好的個性和自制力；有些人則有壞的個性和自制力。要結婚的情侶可以有不同的身份，專長或嗜好，就是不能有不同的個性；否則，就會爭吵不斷，衝突不絕。如果個性有暴力傾向，就絕對不適合結婚。

理性不僅是溝通的條件，也是處世的良策。有些人會講道理，用道理去溝通、去理解、去說服、去化解衝突；有些人則不講道理、而用感性、情性、主觀、偏見去判斷、去溝通、去強制、去霸凌。如果在婚前會對你說：我比你懂，你要聽我的，婚後肯定會對你說：這個家我說了算，你要聽我的。如果會在婚前無理取鬧或把瘋狂當有趣，肯定會在婚後折騰你，讓你受委屈。

人生觀是對人生的基本態度或原理原則，也是生活方式與生活內涵的決定因素。有些人的人生觀是採理想主義，為了某種理想可以粉身碎骨或

散盡家產。有些人的人生觀採務實主義，勤奮工作，累積資產，適度享受。有些人採享樂主義，不管有錢無錢，就是要花錢，就是要享受。有些人採苦行主義，不管有錢沒錢，就是不花錢，就是不享受。既會賺錢又會享受的務實主義者最適合結婚；不會賺錢又愛花錢的人最危險；會賺錢不愛花錢的人最不值。

相互信賴是維繫夫妻關係的重要因素，也是維繫家人關係的必要條件。如果夫妻間彼此懷疑，彼此猜忌，彼此監控；如果家人間相互不信任，相互不理解，相互不支持，這個家就不是一個家，而是一個相互囚禁的地獄。如果在婚前發現，對方有疑神疑鬼，不信任人，防衛心強或負面思考的現象，婚姻適合度就很低。

家庭是一個共同分享的場所，分享財物，分享知能，分享情感，分享快樂，分擔痛苦。夫妻之間要能同甘共苦，有福同享，有難同當，彼此分享生活的樂趣。有些人不懂得分享；有些人不願意分享；有些人不喜歡分享；有些人不重視分享。不管你喜不喜歡分享，你必須找一個會分享的人共度家庭生活。

以前常以「門當戶對」作為結婚的條件。現在則以「只要有愛」作為結婚的條件。如果有愛情又適合，就是理想的婚姻。適合卻無愛或有愛卻不適合都不是理想的婚姻。目前，大多數的情侶都沒有在婚前評估婚姻的適合度，就冒然結婚，因而產生了許多不幸的婚姻和家庭的解體。你可以盡情戀愛，可以隨性生活，但是，你不可以任意結婚。

本文有兩個前提。第一就個人而言，不結婚要比不幸婚姻好；快樂的單身生活要比痛苦的家庭生活好。第二就人口而言，適度人口要比過剩人口好；少數優質人口要比多數劣質人口好。其實，如果婚姻適合度的評估能夠普及，大家就更會重視和改善自己的結婚條件，提高自己的婚姻適合度，就會更有信心去組織一個理想的家庭，培育更多優質的人口。總之，我們必須終結不適婚姻的蔓延；我們必須終止不幸家庭的繁衍。我們必須建立婚姻適合度的評估制度；我們必須建構理想家庭的典範。

04 兩人同行

2021/7/28

兩隻手才能拍得出聲音;兩個人才能擦得出火花。凡事需成雙,才能成大事。

在人生中旅途中,需要兩人同行,才能分享旅行的心得與樂趣。一人獨行,既看不到別人,也看不到自己,更看不到旅行的美妙。若要追求幸福人生,就要兩人同行,不能一人獨行。

夫妻之間,因相知,相愛而相陪。兩人同行,可以看到更寬廣的世界;可以聽到更細微的聲音;可以吃到更精緻的食物;可以獲得更多的知識;可以發揮更多的優點;可以避免更大的缺點。

兩人同行,或許會因個性不合而爭執;因想法不同而誤解;因做法互異而衝突,因興趣反差而背道,但是,只要同心盡力,理性溝通,仍可化解危機,快樂同行。

人生的旅途或許輕鬆,或許艱辛;或許快樂,或許痛苦,但是,只要兩人同心,攜手同行,就可以實現人生的理想。

最近,世界吹起了「一人生活」或是「一人獨行」的風潮。旅日作家劉黎兒就大力推動獨居生活的好處。許多人也因而傚尤,實踐不婚不生的獨行人生。但是,一人獨行真的比兩人同行好嗎?頗值商榷。

當你回家時,沒有人歡迎你;當你寂寞時,無人安慰你;當你無助時,無人幫助你;當你得意時,無人讚美你;當你生病時,無人照顧你;當你離世時,無人陪伴你。你說這樣的人生有什麼意義?

當然,如果兩人是冤家伴侶,天天吵架,日日氣憤,甚至拳頭相向,那麼,兩人同行就是一種災難。此時,就應該斷然切割,各走各的路。

雖然有許多人離婚，無法兩人同行，但是，大多數的人還是選擇結婚，堅持兩人同行。即使離了婚的人，也都會再結婚，過兩人同行的人生。可見，兩人同行的人生要比一人獨行的人生，更受歡迎，更被肯定。

如果一人獨行的人生成為普世價值，那麼，愛將從人世間消失，人類將得不到真正的幸福。因此，兩人同行還是我們必須守護的人生原理，也是我們追求幸福人生的必要手段。

05　異國婚姻

2022/9/9

交通的發達拉近了國與國以及人與人之間的距離，也促進了異國情侶與異國婚姻的普及。英語的流通與資訊的進步，更方便了異國情侶與異國夫妻的相互溝通與感情的交流。但是，由異國情侶變成異國婚姻比較容易，要維持異國婚姻則十分困難。

不同國家、不同民族、不同社群各有不同的文化思想與生活習俗。不同國家的異國婚姻；不同民族的異族婚姻；不同社群的異群婚姻常因文化水準、觀念行為與生活習慣的差異，而有相互誤解，頻生歧見，甚至產生衝突的現象。由於觀念上、文化上和習俗上的顯著差異，異國婚姻常會出現離異的不幸結果。

異國婚姻大概有三種形態：第一是夫妻雙方都能了解，也能接受對方的文化與習俗；第二是只有單方了解和接受對方的文化與習俗；第三是雙方都不十分了解，也不十分接受對方的文化與習俗。第一種形態的異國婚姻比較容易維持；第二種形態的異國婚姻比較難以維持；第三種形態的異國婚姻就十分脆弱，也極易分離。

異國婚姻有三個問題需要面對：第一是居住的地方；第二是使用的語言；第三是經濟的問題。居住的地方可以是夫家、妻家或是其他地方。

使用的語言可以是丈夫的語言、妻子的語言或是第三國的語言。經濟問題可以是富裕、小康或是貧窮。這三個問題攸關異國婚姻的順利與否。如果不在婚前仔細規劃，就容易種下不幸婚姻的種子。

如果婚後居住在夫家的地方，妻子就必須重新學習和適應當地的文化與生活，反之，丈夫就要重新學習和適應當地的文化與生活。要適應新環境本就不容易；要取得伴侶的理解與支持也十分困難，因為伴侶通常不太能理解對方的感受，而且還會要求對方要努力學習與適應。久而久之，自然就會產生被忽略的無力感，萌生離異的念頭。

每一個家庭都有共同使用的語言。異國婚姻的家庭通常會使用當年談戀愛時的語言。如果使用丈夫的本國語言，妻子就必須使用異國語言；如果使用妻子的本國語言，丈夫就必須使用異國語言。由於不同的語言有不同的文化內涵和表達方式，如果雙方對異國語言沒有相當的理解，就容易產生語言上的障礙與摩擦。

不管異國婚姻還是本國婚姻，經濟問題都是影響婚姻生活的重要因素。外籍配偶很難在當地獲得合適的工作，家計只能靠一個人支撐。除非是家財萬貫、經營事業或是高薪主管，否則，異國婚姻的家庭很難有富裕的經濟生活。如果配偶要求高品質的生活水準，家計主人肯定會有很大的壓力，而容易導致夫妻之間的爭執與衝突。

異國婚姻的家庭如果移居第三國，所面臨的問題和面對的壓力就會更大。環境的陌生、語言與文化的隔閡、就業與工作的困難、人際的關係、子女的教育等等都是嚴峻的考驗。除非夫妻雙方都有良好的外語能力、適應能力和工作能力，否則，就容易被生活擊敗，甚至造成婚姻的失敗。

由落後國家的人與先進國家的人所組成的異婚姻，如果居住在先進國家裏，對前者比較有利，但是，必須忍受精神上的壓力。能夠居住在較進步的國家，享受較高品質的生活，當然是一件樂事，但是，劣勢文化必須忍受優勢文化的歧視或霸凌，常會造成精神上的壓力。與落後國家或弱勢文化的對象結婚，常會遭受本國人在背後的訾議或詆毀，也會影響自己的婚姻生活。

相反地，如果先進國家的配偶居住到落後國家，就會產生水土不服或是無法適應的現象。尤其是環境的髒亂、生活的不便、人際的關係、文化的差距、子女的教育等等都會產生格格不入的違和感，進而影響到家庭的生活和夫妻的關係。先進國家的配偶對落後地區的人們和文化，常有優越感，不易接受和適應當地的生活。

異國婚姻沒有絕對的好，也沒有絕對的壞。有許多幸福的異國婚姻，也有不少不幸的異國婚姻。如果能夠在婚前，正確評估自己與對象的能力與條件，有效規劃婚後的工作與生活，就能擁有成功的異國婚姻。如果只憑著一時的激情或衝動，或是不實際的憧憬或期待而冒然結婚，就容易造成錯誤的異國婚姻。

如果想要與外國人結婚，除了要具備良好的外國語言之外，還要懂得該國的文化與習俗，而且要在當地居住一段時間，充分了解當地的生活狀況。如果自己真的喜歡當地的文化與生活，而且有一位值得結婚的對象，那麼，就在雙方的共同規劃下結婚。這樣才能得到一個幸福的異國婚姻。不要以為，祇要語言可以溝通，外在條件好，彼此也相愛，就可以結婚。異國婚必須考慮的因素與條件，比本國婚姻要更加嚴苛，更加慎重。如果不仔細思索，草率結婚，就要有離婚的心理準備。

06　跟不一樣的人結婚就是不一樣

2019/5/19

婚姻的伴侶不是你自己，而是跟你一起共創幸福生活的人。跟不一樣的人結婚會有不一樣的樂趣，不一樣的學習，不一樣的成長，不一樣的人生，不一樣的幸福。

跟有智慧的人結婚和跟無智慧的人結婚肯定不一樣；跟講道理的人結婚和跟不講道理的人結婚肯定不一樣；跟富裕的人結婚和跟貧窮的人結婚肯定不一樣；跟美或帥的人結婚和跟醜或陋的人結婚肯定不一樣。

婚姻的伴侶必須彼此相愛，不能只愛自己。彼此相愛才能一起追求幸福；一起享受幸福；一起創造人生的價值。

不是每一個人都懂得幸福之道；不是每一個人都能一起追求幸福；不是每一個人都能一起享受幸福。有些伴侶就是不愛你，不了解你，不尊重你。有些伴侶就是不會反省，不會溝通，不會改變。

男女之愛是談心，談性；夫妻之情是談生活，談幸福。有男女之愛也有夫妻之情者謂之理想夫妻；無男女之愛但有夫妻之情者謂之平凡夫妻；無男女之愛也無夫妻之情者謂之不良夫妻。

專家告訴我們：要珍惜婚姻，沒有必要離婚。法律告訴我們：你的配偶權會受到保障，不會被侵犯。伴侶告訴我們：我就是這個樣，看你能怎樣？

當你的伴侶冷落你、欺負你、傷害你、霸凌你，你只能無奈地忍受，無助地抱怨或虛假地對應，你就是不敢斷然離棄。於是，多少無奈的夫妻，多少假面的夫妻，多少痛苦的夫妻，多少背叛的夫妻，我們都稱他們是夫妻。

如果你不敢挑戰、不敢嘗試、不敢離婚，你怎會知道沒有更好的另一半？你怎會知道你的另一半是最好？

婚姻不是長久保證的飯票；夫妻不是不離不棄的鴛鴦。如果你們是一對理想夫妻，就必須珍惜；如果你們是一對平凡夫妻，就必須認命；如果你們是一對不良夫妻，就必須離棄。

這是一個思想改造的時代。我們必須勇敢挑戰虛假的道德規範；我們必須勇敢挑戰過時的法律規定；我們必須勇敢挑戰不良伴侶的無理取鬧。

07　同性婚姻

2019/5/25

異性婚姻是神的真理；同性婚姻是人的道理。
你可以做神的僕人；你可以做人的主人。

你若順從神的旨意；就必須反對同性婚姻。
你若聽從自己的意志；就可以贊成同性婚姻。

不管是反對還是贊成，你不能因討厭男人而禁止別人去愛男人。
你不能因討厭女人而禁止別人去愛女人。
你不能因討厭同婚而禁止別人去同婚。

國會是民意的代表；國會通過的法律代表多數的民意。
你不能抗拒民意；你不能違反法律。

如果異性婚姻是真理；就不該有婚姻的病理和家庭的解體。
如果同性婚姻是邪理；就會有婚姻的病理和家庭的解體。

同性婚姻的朋友們；請建構新的同婚倫理。
請規劃新的同婚模式；請樹立新的同婚典範。

同性婚姻朋友們；請向伴侶證明你的快樂。
請向家庭證明你的幸福；請向社會證明你的美好。

這是一個新的時代；這是一個新的思潮。
這是一個新的人權；這是一個新的婚姻。

從今以後；同性愛情是正常；同性婚姻是合法；同性家庭是正常。
讓我們耐心等待與驗證；或許有一天我們會發現，同性婚姻是王道；
同性家庭是榜樣。

第 2 章
夫妻

01　夫妻

2020/12/9

男人和女人為了共同組織和經營家庭而結婚。夫妻是生活的伙伴,必須彼此幫助;互相包容;共同成長;共享幸福。

夫妻是在經營家庭和發揮家庭功能,包括生理功能(健康、衛生、生育等等)、心理功能(情緒、歸屬、分享等)、經濟功能(財物、家務、勞務等)、教育功能(人格、習慣、文化等)、休閒功能(旅遊、運動、活動等)、照護功能(托育、照顧、保護等)以及社會功能(人際、社會參與、社會適應等)。

夫妻是平行的夥伴關係,不是上下的主從關係。你無法擁有對方;對方也無法擁有你。你若想擁有對方,就會傷害對方;對方若想擁有你,你就會被傷害。你可以愛,也可以不愛;你不能擁有,也不能被擁有。

夫妻雙方都擁有人身自由權,不能限制、控制或監控。夫妻雙方都擁有人身安全權,不能強制、暴力或傷害。夫妻雙方都擁有性自主權,必須相互尊重,不能強迫。子女的生育權,必須夫妻雙方共同協議,不能單方決定。

夫妻必須欣賞對方的優點,包容對方的缺點。每一個人都有優缺點,再壞的人也都有一些些的優點,不會完全無優點。你不能用自己的優點,去責怪別人的缺點;別人也不能用他的優點,去責怪你的缺點。

夫妻是兩個人的世界。你要享受兩人共處的美好,不能要求一人獨處的自在。如果你要享受一人獨處的自在,就不應該結婚,更不應該生兒育女。婚姻是兩個人的結合;家庭是多個人的組織。你一旦結了婚,有了家庭,就必須放棄一個人的生活。

妻子的幸福是丈夫造成的；丈夫的幸福是妻子造成的。妻子沒有理由不感謝和疼愛丈夫；丈夫沒有理由不感謝和疼愛妻子。夫妻雙方若不能彼此感謝，互相疼愛，就無法獲得真正的幸福。

妻子不要期待，你是他心中獨一無二的女人，也不能要求他把你當成他心中獨一無二的女人。丈夫不要期待，你是她的心中獨一無二的男人，也不能要求她把你當成她心中獨一無二的男人。你若要結婚，就要有這種覺悟；你若已結婚，就要懂得這個道理。

天底下沒有真正完美的人，也沒有真正完美的夫妻。但是，你可以努力減少一些不完美；可以努力增加一些完美。每天晚上，當你們洗完澡，上床後，睡覺前，能夠彼此傾聽對方的心底話或情緒話；相互說些鼓勵話或慰藉話，相信夫妻關係會變得更加美好。

夫妻關係不需要艱深的知識，也不需要別人的意見。只要相信丈夫的快樂與幸福就是你的快樂與幸福；妻子的快樂與幸福就是你的快樂與幸福，你和你就會懂得如何塑造一對美好的夫妻；就會成為一對美好的夫妻。

02   夫妻情

2019/11/12

男人與女人因愛而結婚；因結婚而有情。一般人都認為，夫妻必須要有愛與情，不能只有情沒有愛。事實上，有愛有情的夫妻並不多見。大部分的夫妻都是有情無愛，也有不少夫妻是無情無愛。

如果你膽敢對配偶說，你不愛他，肯定會爆發家庭革命，婚姻恐將難以維持。因此，大多數的夫妻都假裝愛對方，還會在別人的面前，假裝是相愛的夫妻，以獲取別人的讚美或羨慕。

夫妻若能有情有愛，就是理想的夫妻。但是，如果只有真情，沒有真愛，也能夠美滿幸福；也可以百頭偕老。夫妻情是靠情維護，不是靠愛維持。夫妻之間有愛最好，無愛也是無傷大雅。

情與愛是不同的兩件事。戀愛時是愛；結婚後是情。夫妻的情比戀人的愛更重要。夫妻情要有下列一些認知與做法，才能做個有情夫妻。

情是為對方著想；愛是為自己著想。情是付出；愛是接受。

夫妻關係靠情維護，不是靠愛支撐。夫妻可以不懂愛，不能不懂情。

夫妻若能天天甜蜜蜜，不是神仙伴侶，就是假面夫妻。

為對方著想，必須懂得溝通的技巧，讓對方知道你的情和你的付出。

夫妻之間要相互尊重和體諒，不能任性，也不能為所欲為。夫妻也要有彼此的隱私，不能監控或跟蹤。

你若有情，就會心甘情願為對方做好 N 件事。對方若有情，也會心甘情願為你做好 N 件事，彼此都能得到好處。

夫妻情要說出來，也要做出來，不能藏在心底，也不能無所作為。

夫妻情要說給對方聽，也要做給對方看，不要說給別人聽，也不要做給別人看。

夫妻關係是情不是愛。你要把伴侶當親人，不要把伴侶當戀人。你若把夫妻情當成男女愛，肯定得不到彼此的愛。

情是長久的；愛是短暫的。你必須重視夫妻情，不要期待男女愛。你必須追求長久的情，不要追求短暫的愛。

03　夫妻情是相互的付出，不是單純的接受

2019/12/17

每個人在結婚之前，總是充滿著美麗的夢想，期待夫妻恩愛一輩子，夫妻牽手一世情。然而，許多人卻在結婚之後，美夢成空，換來了後悔，無奈，忍受，甚至憔悴，疲憊，滄桑。於是有人冷漠相待；有人暴力相向；有人外遇；有人離婚。這都是婚前所料未及的事。如果能在婚前清楚了解婚姻的本質與夫妻情的意義，做好美滿婚姻與幸福家庭的準備，就能避免錯誤的婚姻和不幸的家庭。婚姻就像夫妻兩人合夥經營一個名為家庭的公司，再僱用幾個稱為子女的員工，大家齊心協力把家庭這個公司經營得有聲有色，共同享受幸福生活的成果。婚姻必須具備一些基本條件和經營能力，不是只靠愛情就可以經營得好。你必須選擇適合的對象；你必須努力付出；你必須隨時調整。這樣才能擁有良好的夫妻情與幸福的婚姻。

夫妻情是夫妻關係的深厚情感，不僅要有心靈的契合，也要有心靈的承諾。夫妻情要一起相互付出，一起分憂解勞，一起經營家庭，一起養育子女，一起彼此照顧，一起追求幸福，直到生命的盡頭。夫妻情是相互的付出，不是單方的付出。夫妻情是彼此的接受，不是單方的接受。夫妻情是心甘情願的付出，不是法律義務的付出。夫妻情是理所當然的接受，不是法律權利的接受。你所有的付出都不是犧牲；你所有的接受都不是恩惠。你在付出的同時接受；在接受的同時付出。夫妻情不能相比較，沒有相虧欠。如果你不想付出，就沒有資格要求配偶付出，也沒有資格接受配偶的付出。如果你不付出，卻要求配偶付出；如果配偶不付出，卻要求你付出，夫妻情就已結束。

夫妻情的維護是靠神的力量，不是靠法的保障。從前的婚禮是在神的見證下，誓言夫妻情的承諾。你必須履行對神的承諾，不能違反自己的誓言。現代的婚禮則在法官的見證下，宣誓夫妻情的約定。這個約定一旦被破壞，就用法律的手段解決，沒有半點心靈的愧疚。對神的誓言是心

靈的保證與約束；對法的約定是行為的權利與義務。夫妻情無法用法律加以約束，只能用對神的承諾自我制約。你必須向神證明你不會違反對神的承諾；你無法向法律證明你沒有遵守法律的約定。你若要依法律行使你的權利義務，就永遠得不到真正的夫妻情。

結婚之後，你眼中的老公已不再是婚前有才能的俊男，而是男人，丈夫和父親三位一體的新男人。結婚之後，你眼中的老婆已不再是婚前有魅力的美女，而是女人，妻子和母親三位一體的新女人。你可以叫他／她婚前的名字，把他視為男人或把她視為女人。妳可以叫他老公，把他視為丈夫；你可以叫她老婆，把她視為妻子。妳可以叫他爸比，把他視為人父；你可以叫她媽咪，把她視為人母。結婚之後，妳的他已不再是婚前的他；你的她也已不是婚前的她。你已無法跟他／她談心談性，你只能跟他／她談家人談家事。結婚之後，單純的男女愛就會結束，複雜的夫妻情就會開始。

理想的夫妻情必須具備三個條件：第一是適合的對象；第二是家庭的經營；第三是夫妻之愛。適合的對象是踏入美滿婚姻的第一步，也是建立良好夫妻情的關鍵。家庭經營的好壞，不僅攸關家庭生活的幸福，也關係夫妻情的深淺。男主外女主內的傳統觀念和男人賺錢女人理家的分工模式已不適合現代家庭的需求。溫良恭儉讓的賢妻良母也不再是現代夫妻的指標。夫妻之愛有別於婚前的男女之愛，而是具有三重角色的新男人與新女人之愛。夫妻必須重新定位夫妻之愛，也必須努力維護夫妻之愛。

理想的結婚對象至少要具備四個基本條件：第一是人格特質（支配型，固執型，順應型，溫柔型等）；第二是社會屬性（教育水準，職業類型，經濟條件，宗教信仰，政治偏向等）；第三是生活習性（規律型，雜亂型，嚴謹型，邋遢型等）；第四是溝通技巧（傾聽，表達，說服，化解衝突等）。如果結婚對象能了解人、讚賞人、關心人、幫助人、尊重人，就是有良好人格特質的人。夫妻的教育水準最好能夠相近，不要差距太大，以免造成溝通上的困難。夫妻的宗教信仰和政治偏向也最好能夠相同，才不會相互阻擾或引發衝突。經濟條件是家庭生活的重心。貧賤夫

妻百事哀，不可不慎。嫁個富家男可以增加 N 年的幸福；娶個富家女可以減少 N 年的努力。夫妻的生活習性必須接近，才不會相看兩相厭。夫妻的生活作息必須一致，才能共眠共起，同進同出。夫妻必須理性溝通，不能得理不饒人，理虧耍性子。夫妻必須學習接受，道歉和改變，不能自以為是，固執己見。結婚之前，必須慎重考量這四個條件，並仔細評估婚姻的適合度。你千萬別被愛情沖昏頭；你必須冷靜處理婚姻的事。

家庭生活的經營必須具備五種基本能力：第一是健康的管理能力（衛生，保健，醫療等）；第二是財物的管理能力（財物與勞務的購買與使用，家庭資產的配置與運用等）；第三是教育的管理能力（夫妻的個別教育，子女的家庭教育等）；第四是人際的管理能力（夫妻關係，親子關係，親族關係，社群關係等）；第五是家務的管理能力（備餐，購物，清潔，照顧等）。家庭的衛生保健是維護家人健康的基礎，保健靠家庭；醫療靠醫院。多一分家庭保健，就少一分醫療的費用。有效率的財物運用是維持家庭經濟最重要的因素。夫妻中至少要有一個人精於理財，才能確保經濟無虞。夫妻除了要重視子女的教育，也要重視自己的教育。夫妻都要不斷充實自己的知識與技能，才能促進自己，子女與家人的成長。除了夫妻與親子的關係之外，親族和社會的人際關係也很重要，尤其是與夫妻雙方的父母親和兄弟姊妹之間的人際關係也不容小覷。夫妻各自的朋友關係也必須相互了解，不要各交各的友，各走各的路。夫妻必須共同分攤家務，不能由妻子一手包辦。從前的人認為：男人不管家務事；女人不管賺錢事或男人不進廚房；女人不進職場，所以丈夫不知妻子的辛苦；妻子不懂丈夫的壓力。家庭是夫妻共同經營的場所，必須相互了解、相互體諒、相互支援、共同成長、共同分享、共同築夢。

結婚之後的女人一心只想扮演賢妻良母的角色，往往忽略女人的美麗與魅力。結婚之後的男人一心只想扮演良夫慈父的角色，常常忽視男人的帥勁與吸引力。夫妻之間已不再具有相互的吸引力和激情的男女愛。其實男女之愛是人類的天性，不會因婚姻而喪失這種本能。缺乏男女愛，尤其是性的不協調和不滿足常成為夫妻齟齬的導火線。沒有男女愛的夫妻情常會引發外遇和家暴的家庭問題。夫妻必須把老公視為新的好男人；

把老婆視為新的好女人，共同再愛一次，再享受一次男女愛的激情。夫妻必須製造談心的機會（如一起用餐喝咖啡，一起外出旅遊），重溫談心的甜蜜。夫妻必須製造性愛的激情（如情境的設計，語言的挑逗，或肢體的誘惑），重享性愛的歡愉。千萬不要把談心當成時間的浪費或把性愛當成齷齪的行為。你一定要勇敢踏出這一步，你將會嚐到夫妻情的真正力量。

如果你選對結婚的對象，也善於家庭的經營，更有夫妻的男女愛，你就有理想的夫妻情。如果你選對結婚的對象，也善於家庭的經營，但是，沒有夫妻的男女愛，你就有平凡的夫妻情。如果你選對結婚的對象，卻拙於家庭的經營，也沒有夫妻的男女愛，你就有風險的夫妻情。如果你選錯結婚的對象，也拙於家庭的經營，更沒有夫妻的男女愛，你就有危機的夫妻情。如果你有理想的夫妻情，你就是美滿婚姻和幸福家庭的典範。如果你有平凡的夫妻情，你就必須加強夫妻的男女愛。如果你有風險的夫妻情，你就必須充實家庭的經營能力，也要加強夫妻的男女愛。如果你有危機的夫妻情，你就必須及早結束你的婚姻，另尋結婚的對象。

大部分的人都不懂夫妻情，也不實踐夫妻情。少部分的人懂得夫妻情，卻不實踐夫妻情。只有極少部分的人既懂得夫妻情，也能實踐夫妻情。要有美滿的婚姻不容易；要有理想的夫妻情更是困難。你必須慎選結婚的對象；你必須善盡家庭的經營；你必須重視夫妻的男女愛。你不能把婚姻當兒戲；你不能把老公當搖錢樹；你不能把老婆當管家婦。你不能輕易結婚，你也不能輕易離婚。如果你不想了解，不願努力，不肯改變，你有什麼資格抱怨你的婚姻不美滿，你的家庭不幸福，你的夫妻沒有男女愛？如果你了解了，努力了，也改變了，而配偶卻依然不了解，不努力，不改變，那麼，你就只有一條路走，就是放棄這個婚姻，放棄這個家庭，放棄這個夫妻情。

04 夫妻關係

2020/4/5

夫妻關係有五種類型。若以賺錢和管家為例，第一種是獨立型，就是各自賺錢，各自管家。第二種是替代型，就是我賺錢，你管家。第三種是互補型，就是我幫你賺錢，你幫我管家。第四種是共同型，就是一起賺錢，一起管家。第五種是支配型，就是我賺錢，我管家。

夫妻關係必須有所放棄。第一要放棄愛情，珍惜親情。第二要放棄自由，忍受約束。第三要放棄談心事，享受談家事。第四要放棄感性的互動，改採理性的行動。第五要放棄美麗的幻想，面對現實的考驗。第六要放棄自我的生活方式，接納不同的生活方式。

夫妻關係必須平等對待。在外賺錢的人與在內管家的人一樣重要，必須平等對待。如果一人賺錢一人管家，管家者必須管錢和理財。如果兩人一起賺錢，就必須一起理財和管家。

夫妻關係必須相互尊重。雙方都必須尊重對方的尊嚴和隱私。你要被尊重，就必須尊重人。你要控制人，就必須適度放縱人。你可以從他的行為中看出他的忠心，你不能從他的手機中發現他的背叛。

夫妻關係必須良好溝通。雙方都應該用理性的態度從認知，溝通，妥協，共識和承諾的過程中取得一致的行動。

夫妻關係必須自由發展。每一個人都有他的嗜好與專長，必須幫助對方自由發展，不要相互阻礙。若因一方的干擾而喪失個人的樂趣或成就，不僅是家庭的損失，也是社會的損失。

夫妻關係常因個性的差異，溝通的不良，工作的壓力，家計的困難，子女的教育，性生活的不滿，文化價值與生活價值的不同以及家族關係的複雜等因素而產生糾葛。這些糾葛有些是潛在或隱藏的，有些是公然或顯然的。如果不好好處理，就會引發夫妻關係緊張與衝突。

夫妻關係惡化時，就會產生離婚的念頭。當你有破壞性的爭吵，冷漠的反應，對配偶的言行感到反感，對配偶的出身感到自卑，不想做家事，藉故晚回家，分房睡覺，羨慕別人的婚姻，關心離婚的報導，甚至論及離婚的事等現象時，就有了離婚的危機。

離婚是一個痛苦的抉擇。社會對離婚存有負面的刻版印象，總認為離婚不是兩人都錯，就是一人有錯。離婚會造成經濟弱勢者的生活壓力，也會造成子女養育的困難。生涯規劃也會因離婚而被打亂。個人在生理上，心理上，工作上以及人際關係上都會有負面的影響。一般都不會輕易離婚，而選擇忍受痛苦與折磨，以終其一生。

如果雙方都能理性面對離婚，並做好離婚後的各種安排，好聚好散，互道珍重，就是完美的結局。但是，如果有一方無理取鬧，堅持不離，則問題就不容易解決。依照我國民法的規定，除非有重婚，通姦，虐待，遺棄，暴力等事實，否則，法官不會判定離婚。因此，為了維護婚姻自由的基本人權以及為了確立法律不入家庭的精神，離婚必須自由化。夫妻的任一方只要提出離婚申請，即可生效，不需要另一方的同意，也不需要見證人的保證，更不需要法院的判決。

05　夫妻相處容易相知難

2021/6/12

夫妻之間，因有愛而結婚；因結婚而有情；因有情而能相處。夫妻之間，因有思想而能溝通；因能溝通而能相知；因能相知而能相惜。

大多數的夫妻都能和諧相處。即使偶爾會有齟齬或是爭吵，大都能夠忍讓或是妥協。至少都能維持表面的和樂。

大多數的夫妻都無法彼此相知。夫妻大都忙於工作與家庭，早出晚歸，居家忙碌，很少有機會坐下來談心事，論思想。能夠理性溝通和相知相惜的夫妻，真是鳳毛麟角。

大部分的夫妻都能知道彼此的個性與習性，但是，很難了解彼此的心意與思想。如果雙方都只在乎如何相處，不在意如何相知，就能平安無事。如果一方重視相知，另方忽視相知，就可能引發衝突。

有些夫妻因思想觀念不合而離婚；有些夫妻因無法溝通而離婚；有些夫妻因彼此誤解而離婚。夫妻的思想差異與無法溝通，是造成離婚的重要因素。可見，夫妻相知相惜是何其重要；何其困難。

許多女性在結婚生子，成為家庭主婦之後，就不再充實自己的知識，也不再思索人生的意義與價值，幾乎成了一個無思想的人。相反地，丈夫卻在外面打拼，吸收新知，不斷成長。兩人的思想差距逐漸擴大，雙方溝通日漸困難，於是，產生了婚姻的危機。

有些家庭主婦在孩子上學之後，有了空閒時間，可以充實自己。她們會學習技能或是閱讀書籍，也會思索人生的道理。另一方面，丈夫卻不知長進，上班在公司混，下班在夜店混，回到家只會抱怨，什麼事都不會做。於是，老婆就愈來愈無法與老公溝通，甚至瞧不起老公。

許多夫妻由於知識領域與工作性質不同，思想差異在不知不覺中拉大。如果雙方未能意識到思想的重要性，而疏於溝通，日久就容易產生觀念和思想上的衝突。

雖然一個人的才能與學歷沒有絕對相關，但是學歷的差距也會造成思想的差異，影響夫妻的溝通與相知。思想是一種邏輯，需要專業的訓練。不懂邏輯的推理，就難有合理的思想；就無法有效的溝通。因此，在結婚的條件上，學歷是不可忽視的考量因素。

夫妻相處容易相知難。夫妻若能好相知，必能好相處。夫妻若不能好相知，也能好相處。夫妻若不能好相知，又不能好相處，就會有痛苦的婚姻；就會有離婚的危機。

06　理性夫妻，情性夫妻與感性夫妻

2022/4/3

夫妻的互動有三種模式：第一是理性互動，就是依道理、原理、理論、原則或法則行事；第二是情性互動，就是依感情，同理心、愛心、同情心、慈悲心或責任感行事；第三是感性互動，就是依感覺、心情、情緒、好惡或偏見行事。

夫妻關係沒有絕對的對錯或好壞，只要兩相情願，彼此接納，就是合適的夫妻。問題是，一個理性的人遇到一個情性或感性的伴侶；一個情性的人遇到一個理性或感性的伴侶；一個感性的人遇到一個情性或理性的伴侶就容易引發衝突，就必須妥善處理。

世間沒有絕對理性的人，只有高度理性的人；沒有絕對情性的人，只有高度情性的人；沒有絕對感性的人，只有高度感性的人。如果夫妻都是高度理性的人，就是理性夫妻；如果夫妻都是高度情性的人，就是情性夫妻；如果夫妻都是高度感性的人，就是感性夫妻。

理性夫妻凡事都會講道理，相互溝通，達成共識，不會以情害理或是意氣用事。如果無法達成共識，就也會彼此尊重或包容，不會無理取鬧或堅持己見。理性夫妻是理想的夫妻，也是夫妻們應該追求的目標。

情性夫妻基於婚姻的使命感和家庭的責任感，會以嫁雞隨雞，娶狗隨狗的心態，彼此同理、接受或包容。即使伴侶無理要求或是言語霸凌，也都能夠認分承受。這種互動模式是一般最常見的平凡夫妻。

感性夫妻各自以自己的情緒相對待，隨著情緒變動或起伏，而有不同的夫妻關係。雙方情緒都好的時候，就會相親相愛；反之，就會惡言相向。由於無法掌控自己的情緒，所以很容易引發衝突，造成嚴重的後果。

理性夫妻常會堅持己見，互不退讓，而形成衝突的局面。情性夫妻常會有強欺弱，男霸女的現象，而使一方承受痛苦的折磨。感性夫妻常會時

冷時熱，有時甜如蜜；有時苦如藥。雙方都發飆的結果，常常會一發不可收拾。

如果你遇到一個不同道的伴侶，就必須修正自己的價值觀，也要改變伴侶的價值觀。你不必只修正自己的價值觀，而不改變伴侶的價值觀；你不能只改變伴侶的價值觀，而不改變自己的價值觀。如果雙方都不肯改變和被改變，就只能忍受或放棄。

其實，家庭生活就是柴米油鹽醬醋茶的平淡生活；就是日出而作，日入而息的規律生活；就是一成不變枯燥乏味的平凡生活。夫妻必須在平凡的生活中，製造一些不平凡。例如，說些不同的話；做些不同的事；讀些不同的書；聽些不同的音樂；吃些不同的東西；看些不同的人；做些不同的活動。

不管是理性夫妻、情性夫妻還是感性夫妻，都要不斷的調和和磨合。你們可以做理性夫妻；可以做情性夫妻；可以做感性夫妻。你們不能得理不饒人；不能為情所苦；不能任性傷人。夫妻關係就像空氣，有了它不察覺它的價值；失去它才知道它的重要。每對夫妻都必須珍惜伴侶；都必須好好溝通；都必須快樂幸福。

07　理想夫妻

2021/6/21

男女關係是由朋友變成知己；由知己變成戀人；由戀人變成配偶。朋友是談事的人；知己是談心的人；戀人是談心和談性的人；配偶是談事，談心，談性和談家的人。

男人和女人一旦成了戀人，就忘了談心；一旦成了夫妻，就忘了談心談性。因此，一般人的戀人都成不了理想的戀人；一般的夫妻都做不成理想的夫妻。

如果夫妻只能談家人；談家事；談金錢；談購物；談飲食；談旅遊；談子女的教育，那麼，久而久之夫妻關係就會變得無聊，甚至會感到厭煩。許多怨偶就這樣產生了。

理想夫妻的雙方都必須扮演好朋友、好知己、好戀人以及好配偶的角色；發揮好朋友、好知己、好戀人以及好配偶的功能。理想夫妻必須要談事，談心，談性和談家，缺一不可，否則，就不能稱為理想夫妻。

戀人在結婚之前，總有美麗的理想；總希望成為理想的夫妻。但是，在結婚之後，卻往往事與願違，尤其在孩子出生之後，夫妻關係常會產生質變。夫妻之間不再能夠談心，也不再能夠談性。婚姻生活變得淡如水食無味。即使床笫之事也變得勉強應付，也毫無樂趣。

夫妻相處久了，各自的缺點會一一浮現。如果彼此無法接受對方的缺點，就會引發爭論或衝突，甚至會造成離婚的結果。這是一般夫妻常會遇到的難題。理想夫妻會肯定彼此的優點，包容彼此的缺點，並以理性相互溝通，共同化解危機，維持和諧的夫妻關係。

大多數的夫妻大都只有夫妻情，沒有男女愛；只有親情，沒有愛情。理想夫妻是有情也有愛；是夫妻也是戀人；不僅擁有也能享有；既能取得也能付出；可以接受也能忍受。

理想夫妻必須終身陪伴。夫妻從結婚那天起，到死亡之日止，都要相互陪伴。當兩人都步入老年，更需要彼此照顧，一起度過人生的最後階段。在過去的漫長歲月裏，夫妻一起度過艱辛的日子，也一起度過快樂的時光。現在，兩個人都老了累了，必須相互扶持，才能共度美好的生活。

請問你是否會不離不棄地陪伴他？請問你是否會無怨無悔地照顧他？請問你是否會真心認為，他是你一生的至愛？如果你的答案是肯定的，那麼，你們就符合理想夫妻的條件。如果兩個人都符合理想夫妻的條件，那麼，你們就是完美的理想夫妻。

理想夫妻是夫妻兩人認定的，不是別人認為的。別人說你們是理想夫妻，你們不一定是理想夫妻。別人說你們不是理想夫妻，你們不一定不是理想夫妻。我們不能說別人是理想夫妻，也不必羨慕別人的理想夫妻。你只要做好一個好老公或好老婆的角色與功能，你們就是一對理想的夫妻。

08　深情夫妻

2021/10/26

依我個人的定義，男女之愛在談心與談性；夫妻之情是在談家人與談家事。戀愛中的情侶是愛人；婚姻中的伴侶是夫妻。男女之間是愛，不是情；夫妻之間是情，不是愛。愛因結婚而結束；情因結婚而開始。

夫妻關係有四種：第一是有情有愛的夫妻；第二是有情無愛的夫妻；第三是有愛無情的夫妻；第四是無情無愛的夫妻。除了少數有情有愛的夫妻和有愛無情的夫妻以及無情無愛的夫妻之外，大多數的夫妻都是有情無愛的夫妻。

談心是心靈的交流，至少必須具備三個條件：第一要有強烈的共同興趣；第二要有彼此的認同；第三要有相互的欣賞。此外，還需要三個附屬條件：第一要有思想；第二要能表達；第三要能回饋。一般情侶大都不具備這些條件，所以很難能夠談心。

一般人總以為，男友雙方只要接受對方的基本條件（如外貌，才能，財力等），又能談得來，就是能談心。他們也許談工作；談旅遊；談美食；談心事。只要雙方都不討厭彼此，就認為能夠談心。有些情侶因為太喜歡對方，而甘願做個聆聽者，而對方則是侃侃而談，樂此不疲。雙方都會覺得能夠談心，也會得到快樂。

談性是肉體的交媾，至少必須具備三個條件：第一要有強烈的性慾；第二要有性愛的技巧；第三要有高潮的歡愉。此外，還需要具備三個附屬條件：第一要有神秘性；第二要有野性；第三要有佔有性。一般情侶大都不具備這些條件，所以很難談性。

一般人總以為，只要有愛就能談性；只要性器結合，就是做愛。有些情侶甚至把性愛視為愛的犧牲或是婚姻的保證。用性愛表達自己的愛；用性愛作為結婚的保證。如果做了愛，還去愛別人，就是背叛；如果做了愛，還不結婚，就是不負責任。

男女在結婚之後，雙方都多了一個家庭要操心；多了不少人要煩心。尤其在有小孩之後，雙方都為了工作，家庭和小孩而忙得不可開交，甚至精疲力竭。即便在休假期間，也得帶小朋友出去走走。夫妻單獨相處的時間少之又少，根本無法也無力談心。

男女一旦成為夫妻，雙方都佔有了對方，不再有神秘；不再有激情；不再有高潮。有些夫妻則是為了生小孩而做愛，把性愛視為一種責任或是義務。有些妻子在生完小孩後，就不再想跟老公做愛。有些丈夫在妻子生完小孩後，就不再想跟老婆做愛。總之，夫妻的性愛與愛人的性愛，在本質，數量與品質上，截然不同。夫妻的性愛已不再是愛人的性愛，而只是生活裏的一些點綴而已。

雖然夫妻之間無法談心，也無法談性，但是，大多數的夫妻仍然相信，夫妻之間必須有愛，否則，就失去婚姻的意義，就難以維持婚姻的延續。如果你對配偶說：我不再愛你了，看看你的配偶會如何反應？如果配偶問你，愛不愛他，你若敢說不愛，看看配偶會如何對待你？

其實，大多數的夫妻都在自欺欺人。自己明明不再愛對方，卻口口聲聲說愛伴侶。伴侶已經不再愛自己，卻要強迫對方要愛自己。於是，夫妻雙方會在別人的面前曬恩愛；卻在面對面時無話可說，甚至相看兩相厭。想想這個世界上，到底有多少假面夫妻？到底有多少夫妻能夠真心相愛？

你必須承認無愛夫妻的事實，不要再裝恩愛；不要再勉強自己去愛伴侶；不要再強迫伴侶要愛你。夫妻之道不是愛，而是情。所謂情，就是無怨無悔的付出；就是相互的關心；就是彼此的照顧；就是共同的承擔。

你們要做一對深情的夫妻，不要做一對有愛的夫妻。你們不必談心；不必做愛。你只要深情的緊握老伴的手，一起走在街上；走在公園；走在山中的小徑；走在海邊的沙灘。有一天，當你要離開時，不必對老伴說愛他；不必對老伴約定，下輩子還要當夫妻。你只要對老伴深深一鞠躬，感謝他這些日子來的辛勞與照顧。你要帶著對老伴的深情離開；你要永遠記住，老伴是你此生的最佳伴侶。

09 愛其所愛

2022/9/10

愛是因為喜歡或滿足而產生的熾熱情感。我們因為喜歡，或是從某個人、某件事或某種物中得到滿足，而產生愛的意念和行為。一旦萌生愛意，就會採取愛的行動。如果沒有愛的行動，就是形而上的愛，不是真實的愛。

我們愛一個人，除了那個人本身擁有的善良、溫柔、美麗、才能或財富之外，也愛那個人所喜愛的人、事或物。如果那個人有不道德、不正義或不合法的喜愛，自然就不會愛他，否則，就是愛錯人。因此，如果有真愛，就會愛其所愛；如果不愛其所愛，就是沒有真愛。

事實上，有不少人愛一個人，卻不愛他所愛的人事物。最普遍的例子就是，愛一個人卻不愛其喜愛的家人、他喜愛的工作或嗜好，或是他喜愛的貓狗。每個人都有自己喜愛的人事物，而且喜愛的人事物都不盡相同。自己喜愛的人事物不一定是別人喜愛的人事物；別人喜愛的人事物不一定是自己喜愛的人事物。愛一個人就必須愛他所喜愛的人事物。如果不喜愛，或是不接受他所喜愛的人事物，就不要愛他。

有些人在戀愛的時候，不重視愛其所愛，或是雖然在乎，卻勉強自己去接受或忍受，對象所愛的人事物。直到結了婚，才發現自己無法接受或忍受配偶之所愛。於是，就會引發爭執，甚至引爆婚姻的危機。我們常聽到夫妻之間，為了雙方父母親的孝順問題而起衝突。就是因為雙方都不將對方所喜愛的父母親，當成自己喜愛的父母親。

有些夫妻不喜歡、不認同，也不接受對方的興趣或嗜好，而時時加以反對或阻撓，因而引發齟齬或爭吵。譬如說，老公喜歡釣魚，老婆討厭釣魚；老婆喜歡旅遊，老公討厭旅遊；老公喜歡喝酒，老婆討厭喝酒；老婆喜歡打麻將，老公討厭打麻將等等。有些夫妻就經常為這些事，鬧得不愉快，而影響夫妻的感情。

夫妻之間，有很多事情沒有好壞或對錯，只要雙方都能接受，就能同心合力，一起享受。如果不能如此，就要相互尊重，不要堅持反對，或是刻意阻撓。例如，老公喜歡打高爾夫球，老婆討厭打高爾夫球，老婆就讓老公自己去打球，而老公也不要強迫老婆一起去打球。夫妻若無相同的興趣或嗜好，就要各自從事，不需要共同陪伴，更不能只要求對方陪同，自己卻不陪同對方。

有些夫妻會因買賣股票之事而鬧翻。如果夫妻的一方熱衷於證券市場的活動，而另一方則討厭股票買賣，就會產生衝突。即便兩個人都喜歡買賣股票也會因想法和做法的不同，而引發爭論。畢竟，買賣股票的獲利或損失攸關家庭經濟甚鉅，不得不慎重。如果你無法阻止另一半玩股票，就在可以接受的金額內，由伴侶去處理。如果你也喜歡玩股票，就在各自的限額內，分別處理，不要彼此干涉或置喙。

夫妻對於喜愛的東西，會有不同的看法，都會認為自己的看法是對的，對方的看法是錯的。看法不同時，有些夫妻會彼此尊重；有些夫妻則會互相吐槽；有些夫妻會當面指責。當老婆買了一件衣服回來，你是否會稱讚她有美感又有眼光，還是會詆貶她沒美感又無眼光？你是否會不置可否或是不聞不問？如果你真心愛她，肯定會稱讚她，至少不會詆貶她。相同地，老婆也必須以同樣的態度和方式對待老公，多給稱讚；少潑冷水。

不少夫妻在結婚之後，就變成另外一個人，也不再彼此相愛。有許多夫妻結婚久了，就不再互相尊重，也不再彼此珍惜。依我看來，這是因為在戀愛時，忽略了「愛其所愛」這件事。如果在決定結婚對象之前，能夠愛其所愛，並認同和支持對象所愛的人事物，就會相愛至老，歷久彌新。人不會因結婚而改變；會因不愛其所愛而改變。

當老公要去打球的時候，你是否會高興的陪同？是否會讓他獨自前往？是否會擺臭臉給他看？當老婆要去購物的時候，你是否會高興的陪同？是否會讓她獨自前往？是否會擺臭臉給她看？請檢驗一下自己的夫妻關係，是否依然有愛？是否已經冷卻？是否不再相愛？如果你依然有愛，就會愛其所愛；就會一起陪伴。夫妻關係的改善，時時刻刻都是良機。只要你能牢記「愛其所愛」這句話，並切實實踐這句話，就一定可以真心相愛。

10　老公的愛藏在細節裏

2020/5/29

老公的愛藏在生活的細節裏。你若不細心觀察與體會，就感受不到也享受不到老公的愛。老公的愛不是要帶你去環遊世界；不是要送你高貴禮物；不是要陪你享用大餐；不是要對你百依百順；不是要天天膩在一起。老公的愛藏在你容易忽略的地方；藏在你不易發現的地方；藏在你認為理所當然的地方。在下列的細節裏，如果老公都做到了，你就擁有一位真心愛你的好老公。

1. 他會營造一個樂觀，積極，浪漫，幽默和快樂的生活氣氛。
2. 他會與你一起經營現在和規劃未來。
3. 他會尊重你的興趣並幫助你，不會禁止你，也不會干擾你。
4. 他會尊重你的意見和選擇，不會嗆你，吐槽你，否定你。
5. 他會尊重你的隱私，不會查看你的信箋，手機或電腦的資訊。

6. 他會在別人的面前稱讚你，不會讓你在別人面前難堪。

7. 他會在你心情不佳或找人訴苦時，耐心聆聽並安慰你，也會帶你外出散心。

8. 他會記得你的生日和你們的結婚紀念日，以及你父母親的生日。

9. 他會邀你參加朋友的聚會或聚餐，讓你加入他的朋友圈。

10. 他會回應你提出的任何問題，不會充耳不聞，也不會敷衍了事。

11. 他會讚美你做的菜餚，不會挑剔，更不會抱怨。

12. 他會陪你選購服飾並給你意見。他不會拒絕，也不會尷尬陪你選購內衣。

13. 他會在早上起床時說早安；在晚上睡覺前說晚安。

14. 他會忍受你打呼，不會要求分房或分床。

15. 外出走路時，他會走外側保護你，也會牽著你的手過馬路。

16. 當你開車時，不會在旁座嘮叨，說你技術差。

17. 他會鼓勵你學習，也會與你一起學習。

18. 他會與你一起規劃旅遊，一起打包行李，不會讓你單獨處理。

19. 他會關心你的健康，在必要時帶你去看醫生或去醫院。

20. 他會與你理性溝通，不會意氣用事，也不會與你爭吵。

21. 他會與你分享思想；分享美的世界；分享生活的樂趣。

你需要一個愛你的老公，老公也需要一個愛他的老婆。你要知道老公的愛藏在哪裏？老公也要知道你的愛藏在哪裏？現在，就請你告訴老公，你的愛藏在哪裏？

11　你必須對配偶和家庭負全責

2020/11/10

婚姻是家庭的經營，不是愛情的結合。夫妻是家人的關係，不是情人的關係。你不能把婚姻當愛情；不能把配偶當情人。你必須懂得家庭的經營才去結婚；必須懂得駕馭之道才能維持婚姻。

婚姻是兩個人的世界，不是一個人的世界。你不能在兩個人的世界裏，想過一個人的生活。你必須學會與人相處才去結婚，不能生性孤僻就去結婚。

你必須學會尊重別人；必須學會共同生活的訣竅；必須學會討人喜愛的技巧。如果你的家人都不喜歡你，社會上還有誰會喜歡你？

錯誤的婚姻不是你選錯人，而是你結錯婚，是你的無知做了錯誤的決定；是你的技拙造成了錯誤的婚姻。

在你結婚時，你的伴侶是你完美的情人。他的父母將一個優質的人交付給你，而你也滿意地點收。從那一天開始，你就必須對伴侶的好與壞負全責。你不能怪罪配偶的不好；你不能推卸自己的責任。

你可以把一個劣質的小孩教導成優秀的學生。你怎麼不會將一個優質的配偶訓練成符合你意的伴侶？

你將配偶譬喻成咖啡，而且是同款的咖啡。你要求每日的咖啡都要香醇順口，暢快回甘，卻抱怨自己喝的都是走味的咖啡。其實，你可以依自己的偏好掌控咖啡的味道。你可以用沖泡的技巧和調味的方法，調出一杯可口的咖啡；可以在一個幽靜的環境裏，享受香醇的咖啡。

有人怪罪配偶有外遇。說他背叛你；說他侵犯你；說法律不能保護你，其實，是誰讓自己的配偶愛上別人家？是誰讓別人家搶奪你的愛？你若能經營好自己的家庭；管理好自己的伴侶，有誰敢出門外遇？有誰會乘虛而入？

婚結久了就會生厭倦；人處久了就會有摩擦。這是人之常情。但是，只要你能多用一點心，多盡一點力，就能化平淡為新奇；化厭倦成欣喜。

負責任的人只會怪罪自己，不會怪罪別人。怪罪自己的人會改變錯誤；怪罪別人的人會將錯就錯。你不能再怪罪伴侶；你不能再怪罪別人。你必須對自己的配偶和家庭負責任；必須對錯誤的配偶和錯誤的婚姻負完全的責任。

12　夫妻樹

2017 年 6 月 30 日，阿里山夫妻樹的夫樹，因基部腐朽，加上午後雷雨而倒塌。現在只剩下妻樹。

我今天拍到的妻樹，好像是跪在草地上，展開雙臂，向天哀訴：為什麼要奪走我的最愛？為什麼要留下我孤單？

我不禁流下淚來。我似乎懂得她的心；我彷彿知道她的苦。

天下蒼生有多少情斷的夫妻？有多少獨自哭泣的夫妻？

神啊，祢為何要如此作弄人？祢為何要這般拆散人？

如果夫妻樹在地能做連理枝；在天能做比翼鳥，就不會如此哀傷。

如果世間夫妻生前都能白首偕老，死後都能攜手同行，就不會留下餘恨。

有一天，當老伴突然離開你，或是你突然離開老伴，留下的人將如何面對每一天？

「人有悲歡離合，月有陰晴圓缺，此事古難全」；「人生不如意事，萬般皆是命，半點不由人」。夫妻歡合悲離本都是緣，都不是人可以決定。因此，夫妻必須珍惜相處相伴的日子，不要錯過了才悲痛。

再回首，妻樹已消失在濃霧中，卻深留在我的心中。

13　老伴

2022/4/4

老伴 (elder spouse) 是指長久陪伴的老夫妻，不只是結婚很久的夫妻。老伴是老來的伴侶，不只是陪伴長久的伴侶。老伴是人生最後的陪伴，不只是人生過程的陪伴。老伴是相依為命的夫妻，不只是一起生活的夫妻。

曾經一起度過悲歡歲月；曾經一起走過千山萬水；曾經一起胼手胝足的努力；曾經一起度過青春的浪漫；曾經一起分享美好的時光；曾經一起無怨無悔的付出；曾經一起相扶相助的照顧。

曾經在貧窮時候，不離不棄；在痛苦的時候，相互慰藉；在爭吵的時候，相互體諒；在病痛的時候，相互照顧；在失敗的時候，相互扶持；在危險的時候，相互救助。

經過漫長的人生歲月，夫妻終於退休了。從此就可以安排退休的生活；一起吃喝玩樂；培養共同的興趣；分享旅遊的樂趣；結交共同的朋友；參與社會的服務；一起享受人生最美好的時刻。

總有一天，你會累了；會走不動了；會需要別人的攙扶；會需要別人的照護。當你無法走路時，老伴會成為你的雙腳；當你看不到時，老伴會成為你的雙眼；當你聽不到時，老伴會成為你的雙耳；當你無法開口時，老伴會成為你的嘴巴；當你無法起床時，老伴會成為你的看護。老伴將永遠在你脆弱的時候陪在你身邊。

當離開的日子來臨，老伴會守護在你的身旁；緊握你的雙手；在你的耳邊低語；叫你不要害怕；教你要走向光明的道路；希望來世還能成為夫妻。你會看到老伴向你揮手道別；你會聽到老伴對你說愛你；你會帶著滿滿的愛離開。

只有步入老年，才會懂得老伴的重要；才會珍惜老伴的陪伴。人老了，不再需要萬貫家財；不再需要子孫滿堂；不再需要著作等身；不再需要非凡成就；不再需要眾多好友。你只需要一個陪伴在側的老伴。

你或許有親友可以陪伴；你或許有外傭可以陪伴。你或許不孤獨；你或許不無助。你或許有樂趣；你或許會快樂。但是，這些都不如長期與你同甘共苦的老伴來得真實。只有老伴可以分享人生的苦與樂；只有老伴可以懂得你的心思。

需要老伴的陪伴，不是要增加老伴的負擔或壓力，而是要與老伴一起走完人生的道路。你可以請外傭幫忙；你可以請護理師照護，你不能沒有老伴的陪伴。外傭或護理師只能照顧你的身體，無法滿足你的心靈。只有老伴可以與你暢談過去的故事；只有老伴可以與你分享現在的心情。

當你的老伴老了，你是否願意無怨無悔地照顧？你是否願意不離不棄的陪伴？你是否願意陪伴他走完人生的道路？你是否會無悔？你是否會後悔？你是否會珍惜過去相伴的歲月？你是否會樂於攜手走到盡頭？

如果有一天早上，當你醒來後，看不到那張熟悉的臉；喝不到那杯香醇的咖啡；吃不到那盤優格的水果；聽不到那首愛唱的歌曲。無人討論新聞的事件；無人分享旅遊的規劃，你是否會傷心？你是否會滾泣？

夫妻不需要海誓山盟；不需要恩恩愛愛；不需要甜甜蜜蜜，只需要有心陪伴。你要把握最後的機會，好好陪伴；你要以感恩的心，好好陪伴。如果你能夠好好陪伴，在你離開時或是放手時，就可以心無歉疚的對老伴說一聲：老伴，辛苦了，謝謝你。

14 夫妻是彼此的貴人

2022/5/15

夫妻總是希望，彼此都能把自己當寶貝；都能珍惜彼此。所謂寶貝，就是特別寵愛的人。夫妻之間，若能寵愛彼此，就是最理想的夫妻。可是，世上的夫妻卻鮮少有這種寶貝夫妻，因為夫妻相處久了，就會走味；就會變調；就不會把彼此當寶貝。

其實，夫妻若把彼此當貴人，或許會比將彼此當寶貝，更能珍惜彼此的重要；更能維持婚姻的穩定。所謂貴人，就是能夠幫助自己成長或成功的人。夫妻之間除了在經濟上、知識上、技術上、文化上和人際上可以互相扶持之外，在健康上、情緒上、照顧上也能夠相互幫助。所以夫妻把彼此當貴人，比將彼此當寶貝更切實際；更有效果。

夫妻之間，彼此依賴。你不能沒有他，他不能沒有你。雖然你不察覺他的重要，他也不察覺你的重要，但是，當你需要他，或是他需要你的時候，就會深刻體會到彼此的重要。

婚姻是在談家庭，不是在談愛情。家庭就是柴米油鹽醬醋茶的生活；就是日出而作，日入而息的生活；就是一成不變枯燥乏味的生活。夫妻關係就像每天呼吸同樣的空氣，卻不察覺它的存在一樣。

婚姻是在談生活，不是在談愛情。你要將配偶當生活的伴侶，不要當愛情的寶貝。沒有貴人，你的生活就無法如意；沒有寶貝，你依然可以生活如常。

你若把老公當貴人，就看不到他的邋遢；聽不到他的暴氣；老公若把你當貴人，就看不到你的醜態；聽不到你的叨念。你們將會和諧相處，白首偕老；你們將會活得自在，活得長久。

你若把老公當寶貝，肯定會失望；肯定會氣憤。老公若把你當寶貝，肯定會不滿；肯定會厭倦。你們將會起爭執，鬧離婚；你們的生活將會被擾亂，生命將會被縮短。

你要把老公或老婆當成貴人，要感謝彼此的陪伴；要珍惜彼此的存在。有一天，當有一個人臥病在床或呼吸困難時，就會懂得貴人的重要；就會了解老伴的重要；就會知道寶貝的不重要；就會了解愛人的不重要。

在婚姻裏，老公和老婆都是不能或缺的存在。老公是你最親近的貴人；老婆是你最親近的貴人。你不必捨近求遠去尋求貴人，貴人就在自己的身邊。如果你能將老伴當貴人，你就能夠擁有快樂的家庭生活；你就能夠享受美好的人生。

人的成功需要貴人相助，婚姻的美滿也需要貴人相助，而夫妻就是彼此的貴人。你在事業上的成功需要老伴的協助；你在家庭中的美滿也需要老伴的協助。老伴不是你最愛的情人，卻是你生命中的貴人。老伴是與你相處最久的人；老伴是最懂得你的人；老伴是影響你最深的人。老伴是你人生成功與幸福的舵手；老伴就是你名符其實的貴人。

15　夫妻禮儀

2022/7/19

所謂禮儀或禮貌 (polite or good manner)，就是對待別人正當或良好的言論、態度、舉止、儀態或行為。每一個社會都有公認的禮儀準則；每一個人都有自認的禮貌原則。不同的社會和不同的人都有不同的禮儀或禮貌。

一般人常把禮儀視為公開場合的禮貌，或是對上位者或討好者的虛假禮儀。對於親密的人，往往不重視禮儀的重要，尤其是親如夫妻或親子的關係，更認為不需要禮儀，只要真心對待就可以。有人還會認為，毫無

顧忌地直來直往，或是不加思索地脫口說出，才是親情的可貴表現。如果夫妻之間還要講禮儀就太不真實，也太不自然。因此，一般的夫妻關係都不太在意彼此間的禮儀。

夫妻之間的禮儀展現在夫妻的對話與互動中。我們可以從夫妻對話的內容與口氣以及行為舉止的態度，看出夫妻之間是否有禮儀。如果夫妻在早上起床時，會互說早安；晚上睡覺前，會互道晚安；彼此幫忙家務時，會互相道謝；自己做錯事時，會誠心道歉；兩人在溝通時，會心平氣和講道理；在朋友的面前，會稱讚自己的伴侶，那麼，這對夫妻就是有禮貌的組合，夫妻關係就能夠和諧美滿。

夫妻再恩愛，也需要基本的禮儀和彼此的尊重，不能任性地暢所欲言或為所欲為。尤其不能使用不尊重對方的話語，或是採取刺激對方的行為。夫妻關係常常會因為彼此不尊重對方、吐槽對方、冷落對方、看不慣對方、聽不進對方，而產生誤解或氣憤，傷害彼此的感情。有時候，夫妻並非彼此討厭，只是不懂得或是不重視夫妻禮儀，而用命令式的口氣說話，或是粗魯的行為表達。結果常會造成夫妻關係的疏離或衝突。

其實，夫妻之間只要能夠多一點關心和體貼的心意；多說一些禮貌性的話；多做一些禮貌性的事，彼此都會感受到對方的愛。即使這些話或這些事是虛情假意，也能夠讓雙方都感到窩心和開心，而更加疼愛對方。夫妻之間若能維持一些基本的禮儀，不僅能夠避免彼此的不悅，還能夠增進夫妻的感情。這種高 CP 值的禮儀卻不被重視，實在可惜。

夫妻間要互相稱讚。老婆剪短髮，就說她年輕有活力；老婆留長髮，就說她有女人味。老公穿西裝褲，就說他有紳士的帥氣；老公穿牛仔褲，就說他有年輕的帥氣。夫妻若能互相稱讚，彼此的感情肯定會更好。

夫妻間要互相感謝。老婆每天做菜、洗碗、洗衣、打掃，還有許多做不完的家事，難道不值得老公的一聲感謝嗎？老公每天辛苦工作，努力賺錢；在你傷心的時候，討你開心；會牽著你的手過馬路，讓你安心，難道不值得老婆的一聲感謝嗎？

夫妻間要互相道歉。每個人都會疏忽，也都會犯錯。當你或妳說錯話或做錯事的時候，就要勇於認錯，並表達歉意。有些人會堅持己見，死不認錯，結果會使夫妻感情降溫，甚至產生衝突。說一句對不起，是極為容易的事，不僅可以取得對方的原諒，還能獲得對方的支持，何樂不為呢？

如果每天都能對老伴說一聲：你真棒，謝謝你或是對不起，相信夫妻之間的互動會更好，感情也會升溫。或許你不知道這個道理；或許你知道卻不肯實踐，這樣就會傷了老伴的心；壞了夫妻的情。

夫妻相處之道看似簡單，實則不易，必須心思細膩，刻意經營，才能維護美好的婚姻生活。如果你能實踐夫妻禮儀的原理，多些稱讚，少些責備；多些感謝，少些抱怨；多些認錯，少些頑固，那麼，你們的夫妻關係必會和諧；你們的家庭生活必能美滿。

16 善意的隱瞞：夫妻的相處之道

2022/7/22

最近，柯文哲說：我無法約束老婆不 PO 文。陳時中也說：別人的太太我不能批評；自己的太太我不敢批評。網路上也有人說：每一個無奈老公的背後，都有一個不知道自己做錯事的老婆。這些話都在凸顯老公不能或不敢批評老婆的事實。其實，這些話不僅適用老公，也適用老婆。每一個老婆也都不能或不敢批評自己的老公；每一個無奈老婆的背後，也都有一個不知道自己做錯事的老公。

大家都知道，夫妻相處之道就是有話要直說，不要隱瞞，因為隱瞞就是不真實；就是欺騙。如果知道伴侶說錯話或是做錯事，就應該批評或糾正，不要隱瞞，也不要忍受。但是，為什麼大多數夫妻都會隱瞞自己的想法或感受，而不能或不敢批評呢？我想最適當的解釋，就是善意的隱瞞。易言之，就是為了不傷害伴侶的心情，或是夫妻的和諧，而做出的正當行為。

所謂隱瞞 (hide)，就是不讓別人知道自己真實的想法或感受。隱瞞與欺騙不同，前者是不說真話；後者是說了假話。我不說自己做錯什麼事是隱瞞；自己做錯事，卻說自己沒有做錯事是欺騙。隱瞞會傷害自己；欺騙會傷害別人。如果自己不敢說真話，就要隱瞞不說話，盡量不要欺騙說假話。

就效用理論言之，如果對伴侶說真話，對方會氣憤而有 1 個單位的負效用，自己也會因伴侶的氣憤而氣憤，而有 1 個單位的負效用，合計有 2 個單位的負效用。如果對伴侶隱瞞，自己會因忍受而有一個單位的負效用，對方則沒有負效用，所以合計有 1 個單位的負效用。如果對伴侶說假話，對方會因喜悅而有 1 個單位的正效用，自己也會因對方的喜悅而喜悅（或許也會因自己的謊言不被識破而暗喜），而有 1 個單位的正效用，合計有 2 個單位的正效用。依此理論，如果夫妻之間互相欺騙，效用最大；相互隱瞞的效用次之；彼此誠實的效用最差。

讓我舉一個例子。如果老婆問你（或是老公問你），她漂亮嗎？她善良嗎？你愛她嗎？她說的話好嗎？她做的事對嗎？她的教育方式正確嗎？她使用金錢合理嗎？來世還想跟她結婚嗎？你會誠實以告，緘默以對？還是言不由衷？如果你經常說真話，就會吵吵鬧鬧。如果你經常不說話，就能平平安安。如果你經常說假話，就能恩恩愛愛。

我相信沒有一個人敢說，他會完全誠實對待伴侶，絕對不會隱瞞或欺騙，除非是不說真話的人。尤其是自己的伴侶是一個堅持己見或是喜愛批評的人，更容易隱瞞或欺騙對方，因為擔心引發對方的不滿，而造成爭論或衝突。當然，在日常生活中，不會經常發生，只會在想法或做法有明顯反差時才會出現。

夫妻各自的成長過程、生活習慣和人生價值觀多少都有差異；都會磨擦。但是，如果雙方都能理性溝通，就能誠實對待，化解爭紛。如果有一方得理不饒人，或是無理不服輸，就需要隱瞞或欺騙，以避免衝突。因此，無法約束或是不敢批評伴侶，就是因為伴侶是一位十分強勢的人，才不得已需要善意的隱瞞或欺騙。

強勢的夫或妻沒有什麼不好，有時還能幫助伴侶成功，促進家庭幸福。當個妻管嚴或夫管嚴，都沒有好或壞，只要雙方都能接受，就是好夫妻。其實，夫妻相處久了，想法與做法就會日趨一致，彼此也會依照一定的互動模式相處。有些夫妻時時吐槽，天天鬥嘴；有些夫或妻則是百依百順，不敢違抗，都能夠相安無事，白首偕老。古人說：聽某/翁嘴大富貴，就是這個道理。

雖然每個夫或妻都希望，自己的另一半能夠對自己誠實，不能隱瞞，更不能欺騙，但是，如果為了維持夫妻的和樂，偶爾善意的隱瞞，或是善意的欺騙，並非背叛或罪惡，甚至是好事一樁。如果因為誠實而破壞夫妻之間的感情，才是得不償失的錯誤之舉。因此，你不必為自己的善意隱瞞而自責或懊惱，也不必為伴侶的善意隱瞞而生氣或憤怒。

在漫長的婚姻生活中，如果你曾經有過許多善意的隱瞞，而沒有絲毫影響自己對老伴的感情，你的婚姻就是幸福。有一天，當你要離開人世時，不必向老伴告白，自己曾經有過的善意隱瞞，也不必知道老伴曾經有過的善意隱瞞。你要把所有的善意隱瞞，化作對老伴的愛，然後，帶著自己對老伴的愛以及老伴對你的愛離開。

17　先理後情

2021/6/15

除了法之外，理與情孰先孰後，常是人們爭議的焦點。有人主張理先於情；有人認為情先於理。有人以理傷情；有人以情害理。在夫妻的互動上，也常有這個爭執，因而吵架，甚至鬧離。

戀愛要講理；結婚要談情。婚前若能講道理，婚後才能談感情。婚前若不能講道理，婚後就難談感情。理是溝通的手段；情是溝通的目的。沒有理性的溝通，就難有感情的建立。

夫妻之間，如果雙方都不講理或是一方不講理，就容易引發爭吵，就難以建立良好的夫妻情。夫妻雙方都必須講理，才能談情，才會恩愛。

雖然夫妻之間沒有絕對的對錯，但是，有些事情還是需要理出對錯。在某些事上，如果雙方都堅持自己的對，拒絕自己的錯，甚至強詞奪理或互撂狠話，必會產生嫌隙，使夫妻關係岌岌可危。

一般的夫妻都會有一強一弱的現象。有些是老公強勢或是弱勢；有些是老婆強勢或是弱勢。如果兩者均是強勢，就容易發生衝突。此時，若不用理性溝通，肯定會傷害夫妻的感情。

如果自己的老公或是老婆比較強勢，為了夫妻的和諧以及家庭的和樂，常常會忍氣吞聲，不予爭辯，也不會反唇相譏。但是，心裏總會不爽，而難以建立恩愛的感情。

或許有人會說，哪對夫妻不吵架。其實，情性的吵架與理性的溝通是不同的，前者是雙方或是一方不講道理；後者是雙方都能講道理。吵架的結果是傷人傷己；溝通的結果是利人利己。

每一個人都有自己的堅持和底線；都不允許別人破壞自己的堅持或踩到自己的底線。任何夫妻都要懂得對方的堅持和底線；都要用溫和的理性去溝通；都要有耐心去達成共識；都要心悅誠服的去履行。

夫妻的感情是好是壞，只有夫妻自己知道，別人無從得知。有些夫妻表面恩愛，實則異心；有些夫妻天天爭吵，實則同心。任何人都沒有資格去評斷別人的夫妻關係；任何人都不必讓別人知道自己的夫妻關係。

夫妻關係必須先理後情；必須先講道理，再談感情。感情不是認命；不是忍受；不是偽裝，而是相互認同的愛。你若不能真心認同自己的伴侶，就不能說你有恩愛的夫妻情。

第3章

離婚

01　離婚

2022/3/29

男人與女人因有愛而結婚；因結婚而有家庭；因有家庭而有幸福。每一個結婚的男女都希望自己的婚姻美滿；都希望自己的家庭幸福。

可是，世上卻有許許多多的婚姻不幸福；家人不和諧；家庭有暴力。有些人可以克服婚姻的危機；有些人無法解決家庭的問題。有些人可以忍受家庭的不幸；有些人無法忍受家庭的痛苦。有些人打死不離婚；有些人欣然接受離婚。有些人含恨而離婚；有些人和平分手。

選擇離婚的人，都會堅持自己的對；都會咬定對方的錯。如果夫妻雙方都不肯讓步，就容易離婚。如果想離婚的一方退讓，就不會離婚。如果單方要離，對方不離，就會拖延下去，或是對簿公堂，由法院裁定。

離婚的理由百百種。有些人只吵一次架就決定離婚；有些人發現對方有外遇而離婚；有些人因為經濟因素或是用錢觀念的差異而離婚；有些人因孩子教養方式的不同而離婚；有些人因生活習性的邋遢而離婚；有些人因政治理念與立場的對立而離婚；有些人因對方不顧家庭或是遊手好閒而離婚。

在面對離婚的挑戰時，必須用理性分析離婚的利弊得失，並做好離婚後的規劃與安排，不能意氣用事，也不能冒然行事。離婚所造成的經濟損失、孩子的歸屬與傷害、自己和家人的居住與生活、離婚後的雙方關係等等都需要仔細思量與預作準備。

理論上，一人快樂不如兩人快樂；兩人痛苦不如一人痛苦。快樂的兩人要結婚；痛苦的兩人要離婚。當你造成對方極度痛苦時，你要選擇離開；當對方造成你極度痛苦時，你也要選擇離開。維持一個痛苦的婚姻，不如新組兩個快樂的婚姻。

凡事都有風險。有戀愛就有失戀的風險；有結婚就有離婚的風險。你若害怕失戀，就不要談戀愛；若害怕離婚，就不要結婚；若害怕寂寞，就不要離婚。如果要戀愛，就要努力促進愛情；如果要結婚，就要努力維護家庭；如果要離婚，就要妥善做好安排。

當你得到一些東西，就會失去另些東西；當你失去一些東西，就會得到另些東西。當你結了婚，就會失去個人的自由；當你離了婚，就會得到個人的自由。離不離婚沒有絕對的好或壞。你不必因離婚而自感羞愧或是虧欠，也不必因離婚而不敢再結婚。

人必須珍惜自己擁有的東西；必須放手自己放棄的東西。你不能想離婚，卻沒有勇氣離婚；你不能離了婚，卻後悔離婚。一次失敗不一定會有第二次失敗。如果你離了婚，就要努力尋找第二春，用過去的錯誤經驗，重新組織一個理想的婚姻。

只有自己能夠體會婚姻的樂與苦；只有自己能夠決定是否該離婚。在面對離婚的選擇時，你不必徵求親朋好友的意見；你不必諮詢專家學者的見解，你只需要誠實的問自己，你的痛苦何時能夠結束？你的快樂何時可以到來？如果你的痛苦無絕期；快樂無曙光，就必須勇敢離婚。你要給自己明確的答案；你要為自己做堅定的抉擇。

02　　婚姻警示燈

2019/7/11

人世間沒有完美的人，也沒有完美的婚姻。在婚姻生活中，時時都有風險，處處都有危機，必須結合愛心，細心，耐心，決心和恆心五心一體去面對，才能避免風險，化解危機。

風險存在細節中；危機存在疏忽中。一個小小的警示燈都是一個危險的訊號，如果不注意，不處理，不克服，就可能會引發一個大火球，一旦爆開，就不可收拾，至少也會傷痕累累。

本文提出下列各種可能的婚姻警示燈供大家參考。希望在你的婚姻生活中不要亮起這些紅燈。如果亮起這些紅燈，就要盡快將它關閉。

1. 開始對現在的生活感到乏味，厭煩或無奈。
2. 開始對未來的人生感到不安，害怕或無望。
3. 開始對自己的婚姻感到後悔，並羨慕別人的婚姻。
4. 開始熱衷網路訊息，網路遊戲或網路交友。
5. 開始找藉口外出，並增加外出次數與時間。
6. 開始熱衷社會活動，交際應酬或單獨旅遊。
7. 開始變壞脾氣，大聲說話或企圖爭吵。
8. 開始不關心家務，不做家務或敷衍家務。
9. 開始向異性友人抱怨自己的伴侶和自己的婚姻。
10. 開始提出分房睡覺。
11. 在入睡之前或做愛之時會想到另一個男人或女人。
12. 開始有離婚的念頭。
13. 開始覺得不被伴侶了解，尊重或關心，
14. 開始忽視伴侶的優點，挑剔伴侶的缺點。
15. 開始討厭伴侶的想法，做法和生活習慣。
16. 開始不想與伴侶對話，溝通，也不想傾聽或解釋。
17. 開始不想與伴侶親熱或做愛。
18. 開始懷疑伴侶的忠誠，並查看伴侶的手機或電腦資料。
19. 開始不想與伴侶一起外出用餐，購物或旅遊。
20. 開始不關心伴侶的健康，也不在乎伴侶的疾病。
21. 開始在別人的面前吐槽伴侶。
22. 開始對伴侶冷落，忽視或冷言冷語。
23. 開始以伴侶的外表，學歷，職業或所得引以為恥。
24. 開始嫌棄伴侶不會賺錢，抱怨錢不夠用。
25. 開始為金錢的使用或東西的使用與伴侶爭吵。
26. 開始不在乎伴侶的生日，結婚紀念日或其他節日。
27. 開始疏遠伴侶的父母或親人。
28. 開始對伴侶給父母或親人的援助或資助有意見，甚至爭吵。

29. 開始為家人的各種問題與伴侶爭吵，尤其是為照護伴侶的父母而爭吵。
30. 開始不滿伴侶的性行為，而有一夜情的念頭。

03　承諾與背叛

2020/12/17

所謂承諾是不改變的保證；所謂背叛是承諾的違反。在一個變動的世界裏，萬事萬物時時刻刻都在改變，這是自然的定律，也是神的真理。承諾別人不改變是無知，要求別人不改變也是無知；相信別人的承諾是無知，拒絕別人的背叛也是無知。

我們無法保證婚姻的長長久久，也無法保證愛情的天長地久。沒有承諾就沒有背叛；沒有背叛就沒有痛恨；沒有痛恨就沒有痛苦。愛情是現在進行式，不是過去式，也不是未來式。我們能把握的是此時此刻的愛，我們無法把握未來的愛。

愛沒有真假之分，只有深淺之別。愛得深就會愛得久，愛得淺就會愛得短，而不愛就是不愛，沒有什麼好歸咎，也沒有什麼好痛恨。每一個人都必須承擔改變的風險，勇敢面對改變的挑戰。如果你把別人的不愛視為背叛，把自己的痛恨視為合理，你就是名符其實的弱者！

如果你真的要報復背叛你的人，最好的方法就是做一些能讓對方羨慕，嫉妒和絕望的事。如果你沒有這種報復的能力與胸襟，就必須吞下。

在愛的世界裏，沒有承諾，沒有背叛，沒有苦惱，沒有悲痛。在愛的世界裏，沒有虧欠，沒有償還，沒有仇恨，沒有報復。愛就是愛；不愛就是不愛。你要珍惜你的愛；你要放手你的不愛，這才是真愛。

一日的深愛勝過一年的淺愛；一年的淺愛勝過十年的假愛；十年的假愛勝過百年的無愛。

04　　接受與忍受

凡是合理就能接受；凡是不合理就不能接受。凡是接受就沒有痛苦；凡是不接受就會痛苦。凡是忍受就是不接受；凡是忍受就會痛苦。

要接受合理的，不要接受不合理的。要留下接受的，放手不接受的。要留下好的，放手壞的。要珍惜留下的，放手離開的。

如果你因食之無味，棄之可惜，而忍受不合理的，留下壞的，就會有痛苦；就會失去幸福。留下的人或許有緣，但是，不一定有利。有緣人不一定能幫助你，有時甚至會傷害你。

明知不合理卻強迫自己去忍受，就是矛盾，就會痛苦。把快樂送給別人；把痛苦留給自己，就是愚蠢，就不會幸福。你不要忍受；你要把快樂留給自己。

你可以假裝看不到；你可以刻意不理睬。但是，如果你無法打從心中去接受；如果你只是強迫自己去忍受，你依然不會快樂；你仍舊會痛苦。

如果對方愛著你，你就可以改變他。如果你無法改變他，就把他的不合理合理化，並接受他的不合理。你不能忍受他的不合理；你不能留下不合理的他。

有思想的人不需要長期相處，才能看透人的好或壞。有勇氣的人只會接受合理的人；不會忍受不合理的人。你要長期相處才看透，就是沒有思想。你要忍受不合理的人，就是沒有勇氣。

試著做一個有思想的人；試著做一個有勇氣的人。你做到了，就會懂得什麼是合理的事；什麼是值得愛的人以及如何接受合理的事；如何珍惜值得愛的人。

你要接受，不要忍受；你要珍惜給你正能量的人，放手給你負能量的人；你要追求快樂的人生，不要沉浸在痛苦的生活；你要改變自己的思想，不要執著自己的想法。

路不轉人轉；人不轉心轉。重新建構自己的思想；重新定位自己的人生；重新評估別人的好與壞；重新接受別人的想法與行為。請肯定自己做過的選擇；請珍惜自己留下的人；請接受自己所愛的伴侶。

05　深宮怨婦

2020/12/19

除了少數有情有愛的夫妻之外，大部分的夫妻都是有情無愛。這種人妻在表面上，是一個賢妻良母，內心裏，是一個深宮怨婦。所謂深宮怨婦，就是沉浸在抱怨氣氛或情緒中的人妻。

夫妻是兩個人的世界，只能忍受兩人世界的孤獨，無法享受一人獨處的自在。在婚姻的枷鎖中，只有幻想的自由，沒有行動的自由。

人妻有太多可以抱怨的事。家庭經濟、子女教育、家事勞務、人際關係等都有訴不盡的苦衷。但是，最讓人妻抱怨的事，就是缺乏愛的滋潤。

夫妻相處久了，愛退了；情淡了。但是，愛的心卻仍然在燃燒；依舊渴望愛人與被愛。但是，被禁錮在家的深宮裏，人妻只能無奈的感歎。

你想愛卻無法愛；想離卻不敢離，是徬徨也是哀愁。

你只是渴望有一個人能在你需要的時候陪伴你、傾聽你、安慰你。這麼小小的渴望竟然成了遙不可及的奢望。

你只能在夜深人靜，輾轉難眠時，打開你的心扉，讓心中的那個人悄悄的走進你的幻境，成為你心靈的伴侶。

你有停不住的回憶；你有談不完的話語；你有訴不盡的委屈。你不知不覺的走進他的肉體中，成為他肉體的一部分。你和他身心融為一體，凌越時空，抵達巔峰。

迷迷糊糊的進入夢鄉。夢中仍有夢前的情節，依稀記得愛的甜蜜。不知是誰敲醒了你的美夢；不知是誰奪走了你的深愛。夢醒，愛也碎。

在每一個夢醒時分，總有揮不去感傷。又是一天的開始；又是枯燥的煩憂；又是淡淡的哀愁。你鼓起勇氣，再度面對，臉上沒有笑容；心中滿是懊悔。

深宮怨婦並沒有什麼不好，至少仍可生活在自己的愛裏，享受曾經擁有的愛。如果不做一個恩愛人妻，也不做一個深宮怨婦，就只能做一個無愛無情的可悲人妻。

06　夫妻爭吵

2022/4/1

男人與女人因愛而結婚；因結婚而成夫妻。照理說，夫妻應該相愛，不該爭吵。然而，世上卻少有不爭吵的夫妻，而且婚齡愈長，爭吵的頻率愈高。

男女在戀愛期間，為了取得對方的青睞，即便有意見不合或是看不順眼，也能忍受，不會爭吵。結婚之後，彼此相互擁有，既不需要取悅對方，也不必忍受自己。一有不如己意或是被碎碎念，脾氣就會爆發；就會爭吵。

夫妻爭吵的原因很多。有些人會為一些芝麻小事就爭吵；有些人會為自己堅持的信念而爭吵；有些人會為孩子的教育而爭吵；有些人會因家庭經濟而爭吵；有些人會因父母的照顧而爭吵。

有些夫妻就是愛爭吵；不講理、不退讓、不聽勸、不改變。每一次爭吵就是一道小刀傷。當你遍體鱗傷，無法忍受傷痛時，如果沒有勇氣分手，就要塞住自己的耳朵，閉上自己的嘴巴，做個裝聾作啞的人。

結婚久了，夫妻的個性與互動就會定型；就難以改變。有些人的個性就是喜歡與人爭吵，當然就會與自己的配偶爭吵。有些夫妻就是以爭吵互動；用爭吵決定家務事；把爭吵變成生活的日常。因此，結婚之後，夫妻一旦開始爭吵，就會逐漸變成常態。常常爭吵的結果，就會愈爭愈兇，而造成婚姻的危機。

每一個人都有自己的個性與生活習慣；都不想接受不同個性的人；都不能接受不同習性的人。在結婚之前，雙方必須充分了解對方的個性與習性，並透過溝通的管道，測試自己的忍受程度。如果自己無法接受對方的個性與習性，就要斷然拒絕結婚，不能勉強接受求婚。

一般人選擇結婚對象，常會以高顏值、高教育和高所得的三高為基本條件。這是無可厚非，也是必要的結婚條件。除此之外，還必須考量對方的個性與習性，才不會在婚後造成爭吵的困擾。會爭吵的夫妻通常都是在婚前沒有仔細思量的結果。如果能在婚前考慮清楚，就比較不會有爭吵的現象。

有些夫妻會因價值觀不同而爭吵。這也是在婚前必須思考和溝通的問題。夫妻對於人生、生活、經濟、教育、人際、政治等的價值觀，若有顯著的差異和尖銳的對立，就容易發生激烈的爭吵。尤其是用金錢觀念的差異，常是引發夫妻爭吵的重要因素。

一般的夫妻大都可以忍受配偶的不同想法或做法；大都可以邊爭吵邊妥協；大都可以相安無事；大都可以維持婚姻狀態。如果夫妻雙方都堅持己見；都不尊重別人；都無法改變自己，那麼，長痛不如短痛，就要毅然決然的離婚，不要痛苦的折磨自己。

如果你夠理性，就不會與一個會爭吵的人結婚；如果你夠理性，就會有效處理夫妻的爭吵；如果你夠理性，就懂得自己該不該離婚。當你面對夫妻的爭吵時，如果你無法說服對方或是改變對方，就要說服自己或是改變自己。你可以屈服別人，不能委屈自己。你要調適自己，不要傷害自己。

07　外遇

2020/9/18

外遇是與配偶以外的第三者談愛情（談心和談性）；買春是與配偶以外的第三者進行無愛交易（金錢性買賣）。外遇與買春都是行為人在家庭外的行為，不是第三者進入家庭內的行為。外遇與買春都無侵犯配偶權與破壞家庭之直接事證。外遇與買春純屬夫妻關係的家庭問題。如果你能接受配偶買春，為什麼不能接受配偶外遇？

愛情與婚姻是兩個不同的世界。談愛情不必談婚姻；談婚姻不必談愛情。如果外遇只談愛情不談婚姻，就沒有侵犯配偶權或破壞家庭的違法行為。你可以不接受配偶的外遇，你不能控告他的犯罪。法律不應該介入家庭問題，也不能認定外遇為犯罪行為。

社會對於外遇都有錯誤的刻版印象，例如：(1) 外遇是不道德的也是犯法的；(2) 外遇侵犯配偶權；(3) 外遇破壞他人家庭；(4) 外遇違反公序良俗；(5) 外遇造成離婚和破碎家庭；(6) 外遇者與第三者是共犯結構，必須負起共同責任。多少人因外遇而無顏立足或身敗名裂。這些現象都是錯誤的認知所造成。

根據法律規定，配偶的義務有五種：第一是同居義務的履行；第二是相互溝通的義務；第三是家庭經營的義務；第四是性專屬的義務；第五是維護人身自由的義務。夫妻的相互義務就構成要求對方履行這些義務的配偶權利。如果配偶不履行或違反任一項義務，就喪失配偶的權利，自然就沒有要求另一方遵守或履行配偶義務的資格。

所謂性專屬權，就是生殖器的所有權，而所謂的所有權必須包括擁有權和使用權。擁有而不使用就喪失所有權，也就是喪失性專屬權。如果配偶故意或無意長期拒絕性交，就是性專屬權的放棄。不履行性專屬的義務，就喪失配偶權。不具配偶權就沒有配偶權被侵犯的事實。

如果配偶不違反任一項配偶義務，另一方不得有外遇行為，否則，不僅不道德，也違反法律，謂之違法外遇。如果配偶有不履行任一項配偶義務，則另一方得具外遇資格，謂之合法外遇。合法外遇者不得因外遇而違反任一項配偶義務，否則，就是違法外遇。因此，合法外遇必須具備配偶有不履行配偶義務以及外遇者有履行配偶義務兩個條件。合法外遇必須受到社會的認同與法律的保障。

外遇第三者若無要求外遇者結婚，沒有直接破壞外遇者的家庭經營，沒有與外遇者同居之事證，沒有教唆外遇者危害其配偶之人身自由，那麼，就沒有侵犯配權或破壞他人家庭之違法行為。

違法外遇可依法律解決；合法外遇則由夫妻共同解決。除了接受，忍受或離婚之外，「外遇補償制度」似可採行。這個制度是由三位外遇關係人進行外遇補償協商，約定補償金額或其他補償條件。如果協商成立，則由外遇者及第三者支付原配偶補償金或履行約定條件。如果協商不成，則不得外遇。如此一來，如果約定成立，則三方均可獲得利益（原配偶可獲得補償，外遇者及第三者可獲得愛情）。如果約定不成立，則外遇事件就不會發生。以這種以價制遇的自然均衡應是解決外遇問題，達成社會利益極大化的良策。

社會對於外遇尚無清楚劃分違法外遇與合法外遇，而將兩者一般化，邪惡化，犯罪化和妖魔化。其實造成外遇的因素很多，有些因素是由原配偶所造成。可是，社會並不追究原配偶的錯誤，一味同情原配偶，讓原配偶振振有辭地說：「我是受害者，我有報復的權利」。於是採取法律途徑，要求懲罰與賠償，也會採取不理不離，冷漠虐待的報復行為，甚至對外遇者及第三者進行汙衊式的人身攻擊。社會對於原配偶的報復行為不僅不予譴責，還給予呵護與支持，形成社會霸凌。

你是否是一對在精神上不相愛，在肉體上不做愛的假面夫妻？你是否曾經有過「多年的婚姻生活不如短暫的情投意合」的感觸？你是否曾經有過「再愛一次」的渴望？你是否曾經有過「背叛一次」的衝動？你是否曾經有過「向社會挑戰」的勇氣？親愛的朋友，只要你是站在合法外遇的這一方，你就有外遇的正義，你就必須勇敢地站出來。

08　外遇行不行

2021/4/17

在閱讀這篇文章之前，請先卸下你對外遇的刻板印象，而以事不關已的立場，來分享我的想法。我寫這篇文章的原因，是因為世間確實有太多不幸的婚姻和超高的離婚率，而沒有對應的良策。我想藉由「外遇」這個議題，去思考一種可行的方案。

自有人類以來，就採行一夫一妻的婚姻制度，數千年來都沒有改變。可是，這個制度卻逐漸出現危機。有許多無愛的冷漠夫妻；有許多偽裝的假面夫妻；有許多爭吵的冤家夫妻；有許多痛苦的暴力夫妻；有許多貧窮的悲哀夫妻；有許多瀕臨離婚的無緣夫妻。

要解決現代人的婚姻危機，就必須思考造成婚姻危機的原因，才能提出因應的對策。許多人都因有愛而結婚；因無愛而離婚。依我看來，造成婚姻危機的真正原因，就是愛的喪失。如果能夠把愛帶回婚姻，婚姻就會順利，危機就會解除。

假設有一對無愛夫妻。兩人既不能談心，也無法談性。兩人不是在忍受，就是在偽裝，完全失去男女之愛。如果雙方都能在配偶之外，找一個可以談戀愛的對象，且在固定的時間外出談戀愛。兩人回到家庭後，則一起努力經營家庭和照顧家人，塑造一個幸福美滿的家庭。那麼，夫妻都能享有男女之愛與夫妻之情，且能擁有一個幸福美滿的家庭。這樣既不會傷害任何人，也不會破壞任何家庭，且能長久維持夫妻的婚姻關係。

要達成這個理想，必須具備三個要件：第一是夫妻雙方都能接受；第二是要有願接受的第三者；第三必須有不破壞家庭的保證（不能要求離婚）。具備這三個要件，才能構成合理的外遇；否則，就不能外遇。

追求愛情是人類的本能，也是基本的人權。如果因婚姻而喪失愛情，就有權利要求合理的外遇。外遇行不行的關鍵是在人的觀念。如果社會的

主流思想允許人們有合理外遇的權利，外遇就能夠被接受，和諧的婚姻制度就能被維護。

目前，社會上對外遇都採取負面的觀點，甚至將外遇污名化或是惡魔化。一般認為，外遇是不道德的齷齪行為；外遇者是背叛婚姻和家庭的邪惡者；原配是可憐的受害者。因此，一有外遇事件發生，就會引發社會的批判和撻伐，尤其是社會名流的外遇事件，更會造成社會的轟動。

雖然法律上已經解除對外遇的刑責，但是，社會上對外遇還是牢不可破的歧視和霸凌。許許多多的外遇者不是身敗名裂，就是永無翻身。即使如此，外遇事件還是有增無減，而且不斷攀升。有人偷偷摸摸在進行；有人冠冕堂皇在進行。有人運氣差被發現；有人運氣好被隱藏。但是，外遇就是無法擋；無法禁；無法杜絕。

外遇這件事必須回歸私人領域，用人性的本質與人際的關係去思考。如果人們能夠建立正確的愛情觀和婚姻觀；能夠重新審視造成婚姻危機的原因，相信外遇的合理性就可以獲得重視；外遇的具體措施就可以被規劃；合理的外遇就有可行性。

外遇行不行？不是我說的算，也不是你說的算，而是要社會認同才算數。我只是提出一個思考的方向，供大家參考研究。或許有一天，你我也會碰到外遇的問題。我們要如何面對社會？社會會如何對待我們？作為一個知識份子，我們難道不應該用心思索嗎？

09　疫情與離婚

2021/6/6

疫情爆發後，「宅在家」已成為生活的常態。每一個人與家人相處的時間增加了；彼此對話的機會增加了；想法與做法的衝突增加了。於是，有夫妻吵著要離婚；有子女吵著要離家。

疫情爆發前，夫妻相處的時間實在不多，除了週末之外，每天下班回家，不是忙做家事，就是忙於管教小孩，而週末也要外出購物，旅遊或是與親友相聚。夫妻能夠一起坐下來，談談心事與想法的機會微乎其微。

疫情爆發後，不管是平日或是週末，夫妻對話的機會和時間增多了；談論家務和小孩之外的議題增多了；想法和做法的差異和衝突也增多了。

每一個人對人生，教育，社會，經濟或是政治的問題，都有不同的想法，甚至有偏激的想法。夫妻通常不會談論這些議題，即使談到，也是蜻蜓點水，可以相互容忍，也不會產生衝突。

宅在家，每日看到的和聽到的盡是一些嗆來嗆去的激烈文字與語言。整個社會充滿了思想的對立與政治的衝突。有人刻意製造對立，掀起衝突；有人附和，有人反對。

這股暴戾之氣也吹進了家庭，造成夫妻之間的爭執和衝突。由於想法的不同，有些夫妻天天吵，天天罵，天天嗆；有些夫妻動口也動手；有些夫妻鬧分居；鬧出走；鬧離婚。

疫情爆發前，夫妻是做法的互動；疫情爆發後，夫妻是想法的交流。做法是表象的；想法是本體的。做法不同可以妥協；想法差異難以忍受。夫妻可以有不同的行為，不能有思想的對立。

趁著宅在家的機會，你要懂得思索；你要學習溝通；你要尊重伴侶的想法；你要留一點空間給伴侶。你不要認為自己的想法就是事實或是真理；你不要以為別人的想法都是虛假或是歪理；你不要強求伴侶要與你一樣想法；你不要要求伴侶愛你所愛的人或是恨你所恨的人。

疫情是神考驗個人人性與國民素質的試探。大家都應該藉此機會，自我反思：自己有思想嗎？自己有理性嗎？自己尊重別人嗎？自己懂得保護自己與別人嗎？自己有履行社會責任嗎？

疫情是世界性的；夫妻是家庭性的。千萬別讓世界的事影響家庭的事；千萬別讓想法的差異影響夫妻的感情。疫情再嚴峻，都不應該影響家

庭的生活與夫妻的關係。相反地，夫妻必須利用宅在家的時間，多溝通、多了解、多互助、多體諒、多恩愛。

10　放手婚姻

2019/12/26

婚姻是為了追求生活幸福而締結的連理。幸福是健康生活，財物生活與精神生活的自我評價。幸福係數高於 0.5，就有偏高的幸福；幸福係數低於 0.5，就有偏低的幸福。你若有不幸福的婚姻，是要忍受還是放手？如果你要放手，該在何時放手？

你從婚姻的接受就是利益，也是效用。你對婚姻的付出就是損失，也是成本。如果你的接受高於付出，這個婚姻就值得經營。如果你的付出高於接受，這個婚姻就應該放手。

依據經濟學邊際效用遞減與邊際成本遞增的原理，當邊際效用高於邊際成本，就是有利的投資；當邊際效用等於邊際成本時，總效用大於總成本，最值得投資；當邊際效用等於零時，總效用等於總成本，也可以投資；當邊際效用為負時，總效用小於總成本，就不值得投資。

準此，當婚姻的邊際接受高於邊際付出時，就是有利的婚姻；當婚姻的邊際接受等於邊際付出時，總接受大於總付出，就是幸福的婚姻；當婚姻的邊際接受等於零時，總接受等於總付出，就是平凡的婚姻；當婚姻的邊際接受為負時，總接受小於總付出，就是不幸福的婚姻。

如果你有不幸福的婚姻，你是要任勞任怨地承擔？你是要歸咎命運的安排？你是要美化成婦女的美德？你是要喋喋不休地抱怨？你是要我行我素，把配偶當空氣？你是要毅然決然地放開手？

有些丈夫認為：只要能養家糊口，就已盡了最大的付出。有些妻子認為：只要能理家教子，就已盡了最大的付出。有些丈夫認為：只要回家有飯吃，老婆小孩不煩他，就是最大的接受。有些妻子認為：只要家裏的錢夠用，不愁吃穿，還能有點享受，就是最大的接受。於是，丈夫就把生活的重心放在工作上；妻子就把生活的重心放在家庭裏。兩人的世界就愈離愈遠，愈走愈虛。

有些丈夫就是不肯付出，不工作賺錢，不幫助家務，整天賴在家裏，遊手好閒，管東管西，罵小孩出氣，有時，還會施點小暴力。有些妻子就是不肯付出，不外出工作，不做好家務，不教好小孩，整天外出逛街購物，與朋友喝下午茶，還會嘮叨錢不夠花，抱怨老公不中用，冷言冷語相對待。如果你有這款老公，你會如何對應？如果你有這款老婆，你會如何處理？

許多夫妻都期待自己的另一半會變好。專家學者也提供各式各樣的改善之道。但是，很少無情夫妻會改變；很少苦情夫妻會幸福。你必須捨棄這種期待，因為本性難改，環境難變。你無法將草原的獅子變成家裏的貓咪。

或許你想放手你的婚姻，卻永遠放不了手，因為會承受來自於自己、家人和社會的強大壓力。你會遭受經濟上的損失；你會不捨與子女的分離；你會擔心無力養育子女；你會無法忍受社會的指點或歧視；你會沒有勇氣去另築新的婚姻。放手婚姻的損失會遠遠超過忍受婚姻的苦難。於是，你只有默默承受，只有繼續折騰。你就是無法放手。

打從結婚的那一刻起，你就必須做好獨立生活的準備，設定放手的停損點，努力經營你的婚姻。你必須讓你的伴侶知道你的底線，別讓對方吃定你的脆弱。夫妻在危機意識與相互牽制下，才能維護幸福的婚姻。如果你以一廂情願或期待改變的心態去經營婚姻，你就註定要承受不幸福婚姻的痛苦。

11　社會不該霸凌家庭

2021/3/9

最近，福原愛與江宏傑的家庭問題登上新聞版面，引發一陣騷動。電視，廣播，報章，雜誌爭相報導，大肆宣染。有人心疼小愛；有人力挺小傑；有人指責小愛；有人怪罪小傑；有人則提出各種版本的陰謀論。有人憑空杜撰；有人道聽塗說；有人惡意詆毀，眾說紛云，莫衷一是。

夫妻關係純屬個人和家庭的問題。外人或社會都無權置喙，也無權評論。夫妻失和，配偶外遇，家人暴力等問題都是夫妻兩人及其家人必須共同面對與解決的事，與他人或社會毫無關係。清官都難斷家務事，何況是局外人的社會大眾。除非犯法，否則，個人及其家庭都不應該被干擾；都不可以被霸凌。

家庭的隱私必須被保障，不能被侵犯。任何人都不能侵犯別人的隱私；都不能霸凌別人的家庭。可是，一般人卻只知道自己的隱私不能被侵犯，而不懂得尊重別人隱私。愛傑事件不僅是社會媒體的寵兒，也是社會大眾愛談的話題。媒體天天在報導；人人天天在談論，整個社會形成了一個集體的霸凌集團。

個人的勞動權和商業的交易權必須被保障，不能被剝奪。職場不能以家庭問題懲戒員工；商場不能以家庭問題拒絕交易。愛傑事件的主角卻在社會的霸凌下，在職場上喪失了工作；在商場上失去了交易。兩人的工作計劃被阻擋；代言被撤銷；合約被罰款。

媒體必須秉持社會良知，公正報導，不能利用他人的不幸，追求自己的私利。媒體不能用狗仔跟蹤，偷拍，圍堵或威脅當事人，也不能以杜撰，造假，欺騙或渲染的手段報導事件。然而，許多媒體卻用這些方式去報導愛傑事件。媒體名嘴更是添油加醋，危言聳聽，唯恐天下不亂。

尤有甚者，愛傑事件竟然引發臺灣，日本和大陸三方的聯合霸凌。有人基於個人偏好；有人基於嫉妒之心；有人基於商業利益；有人基於政治立場，對愛傑事件大加評論，霸凌當事人。小小一個家庭問題竟然演變成國際問題，這是什麼道理？這是什麼世界？

社會對家庭的霸凌會對當事人及其家人造成精神上的壓力，名譽上的傷害，經濟上的損失以及家庭上的危機與解體。這種霸凌比政治的迫害更侵犯人權；更傷害人與家庭。我們都反對政治的迫害，卻容許甚至參與社會霸凌，難道不該反省嗎？難道不該自譴嗎？

每一對夫妻，每一個家庭都有不想被知悉；不想被公開；不想被理解；不想被評論的隱私。任何人和任何社會都應該給予尊重，不能干預，也不可侵犯。今日的愛傑可能是明日的你我；今日愛傑的家庭可能是明日你我的家庭。我們有什麼權利去評論他們？我們有什麼理由去霸凌他們？

大家都不想霸凌人，更不想被霸凌。可是，我們常會在不知不覺中霸凌人或是被霸凌。當我們在觀看媒體的報導或在談論別人的家庭時，是否能夠想想自己被霸凌的痛苦和創傷？

愛傑事件是一個老生常談的家庭問題。只是因為雙方都是社會名人，所以才被嚴格審視。名人何其無辜，為什麼要忍受這種霸凌和傷害？社會對待名人和凡人，為什麼需要兩套標準？作為一個成熟的社會與公民，我們必須以冷靜的頭腦，去看待這個問題；我們必須以溫暖的心，去對待這兩個人以及他們的家人。

第四篇　家庭論

第 **1** 章
生育與教育

01　生育

2020/8/9

製造生命是人類的天性，也是基本的權利，所謂生育就是從生產，扶養到教育的一串過程。新生命是由父母共同製造的，必須由父母共同承擔責任，不能由單方負責。

生育是容易的，也是困難的；是辛苦的，也是值得的；是令人沮喪的，也是令人欣慰的。經過長期的辛苦培育，看到自己的孩子在成長與茁壯，不僅滿足了父母的心願，也對社會做出了貢獻。培育下一代是父母的願望，也是社會的期待。每一個人都必須用信心，愛心和耐心去培育自己的子女，做個稱職的父母。

生育必須有妥善的規劃，尤其是經濟條件。你必須衡量自己的經濟能力，預估子女的養育經費，決定生育的人數。你不能為了生兒或生女而連續生育。你不能將自己的快樂建築在子女的痛苦上。你不能讓孩子一出生就要遭受貧苦與痛苦的折磨。

生育是為了創造更優秀的下一代，不是為了傳宗接代，也不是為了養兒防老。你不能製造劣質的下一代，你也不能期待子女的回報。不負責任的生育不僅帶給自己不幸，也會帶給社會負擔。

有些人缺乏生育的正確認知；有些人缺乏理性的避孕；有些人缺乏養育的能力；有些人缺乏養育的耐心；有些人對養育的辛苦產生不安與厭倦，因而產生了虐童的家庭悲劇與社會事件。如果這些人能夠不生育或墮胎，不僅為個人之福，也是社會之幸。

婦女懷孕初期的胚胎只是肚裏的息肉，不是生命的雛形。在此一時期墮胎是息肉的切除，不是生命的殘殺。想想不負責任的生育對自己，家庭和社會的傷害，我們有什麼理由反對墮胎？

墮胎必須合法化。生育是基本人權；墮胎也是基本人權，任何女性都有
生育的權利，也有不生育的權利。生育是自己掌控的，不是他人或社會
掌控的。法律憑什麼禁止墮胎？

國家不應該獎勵生育。如果為了勞動力或扶養率的考量而獎勵生育就是
遺禍後代的錯誤政策。經濟發展不是靠勞動力，而是靠勞動生產力；扶
養非勞動人口不是靠人口的數量，而是靠人口的品質。國家需要的是優
質人口的質，不是劣質人口的量。

國家不該用生育津貼獎勵生育；不該用育兒補助免除父母的責任。為生
育津貼而生育是不道德；為育兒補助而逃避責任是不正義。國家要保護
脆弱的人，不該保護不道德和不正義的人。

如果你認為人生是痛苦的，你有什麼資格生育？如果你沒有養育的能
力，你有什麼資格生育？如果你沒有養育的信心，你有什麼資格生育？
請別把生育責任推給自己的無知。請別把生育責任推給家人的壓力。請
別把生育責任推給社會的無助。你就是新生命的製造者，你必須負起生
育的完全責任。

02　生育是女性的權利與責任

2021/4/26

生命是可貴的；製造生命是嚴肅的。生育是女性的基本人權，也是女性
的艱難責任。女性有權決定是否要生育，不能被剝奪。任何人都不能懲
恩，干預，威脅或強制女性生育，否則，就是對生育權的侵犯。

女性在非自願的情況下懷孕，也有權利墮胎，不能被禁止，否則，就是
對生育權的侵犯。女性有權利不生育，墮胎必須合法化，才符合憲法保
障人權的精神。

女性在決定是否生育時，除了能不能生育之外，必須考量能不能扶養和能不能教育的問題。如果經濟能力或是教育能力不足，就不應該生育。無力扶養或教育孩子，是不負責任的不道德行為。

女性必須對自己的生育負全部責任，不能推卸責任給老公，公婆或是父母。如果讓別人操控自己的生育，就是一個自我放棄權利的人，也是一個不負責任的人。

生育是人生的大事。你必須對另一個生命負責；你必須照顧孩子直到成人；你必須協助孩子成功不要失敗；你必須為孩子操心直到你死亡。你必須犧牲自己；你必須任重道遠。

不負責任的生育，常會造成自己終生的痛苦；孩子人生的不幸；社會長期的負擔。你的一念之差，造成了自己，孩子以及社會的損失與傷害，是得不償失的決定。

有些學者基於勞動力的考量，提倡增加人口的政策。政府決策者也從社會福利的考量，實施生育津貼以及育兒補助的種種方案。乍看之下，這些對策似乎可以解決勞動力短缺，提升家庭扶養能力的問題，但是，國家需要的是優質的人力，不是大量的人力；家庭需要的是足夠的家庭所得，不是少許的政府補助。

如果家人不尊重女性的意願，也不顧及女性的能力，而強制女性生育，就是剝奪女性權利，傷害女性幸福的罪人。

如果政府不尊重女性的生育權利，也不考量家庭的經濟能力，而引誘女性生育，就是不負責任，製造社會問題的加害者。

一個有尊嚴和有責任的女性決不會屈服於家人的情性壓力，也不會接受政府的金錢誘惑。相反地，會因家人的壓力或是會因政府的補助而生育的女性，就不是一個有尊嚴和有責任的女性。生育涉及女性自己，孩子，家庭與社會，事關多人的幸福與利益，不能草率行事。女性朋友必須體察生育的重要性，做一個享權利和負責任的母親。

03　　　出生是一種創傷嗎？

2021/3/1

我不是科學家，也不是婦科醫生。我不知道生命之源，也不知道宇宙之迷。我只以一個思索者的觀點，對母親的生產與嬰兒的出生，提出一些質疑。

首先，母親生產是一個重大的創傷歷程嗎？生產雖是痛苦，卻是甜蜜，否則，不會有那麼多母親樂於生產。她製造了一個新生命，雖然要忍受一陣痛苦，也是甘之如飴。對母親而言，獲得嬰兒的喜悅大大超過生產的痛苦。我相信只有極少數的母親會把生產視為一種重大的創傷。

其次，生產的痛苦可以被忘記嗎？應該不會，因為那種痛苦是畢生難忘的。隨著時間的流逝，或許有些母親會逐漸忘記，但是，大部分的母親都不會忘記。母親忘不忘記生產的痛苦與人生是否幸福沒有必然的關係；與宇宙的獻禮也沒有任何的關連。

再者，嬰兒出生是一個重大的創傷嗎？沒有人可以證明，嬰兒是經過痛苦的掙扎才出生的。其實，嬰兒是順著母親的潮水流出來的，不是自己千辛萬苦游出來。嬰兒離開母體時，通常都是毫髮無傷。有誰知道嬰兒的出生是痛苦的？有誰能證明嬰兒的出生是一種重大的創傷？

最後，母親生產需要療癒才不會難產；嬰兒出生需要療癒才能成長嗎？試問世界上有多少母親是經過療癒之後才生產的？沒有療癒就無法順利生產嗎？至於嬰兒的療癒，並非事實，也無必要。嬰兒出生之後，自然就會自主呼吸；自行吸奶；自然成長。若說不經過療癒的嬰兒，長大之後常有無法復原的創傷症候群，真是危言聳聽。

基本上，我的論點是在「創傷」和「療癒」兩個關鍵詞。在探討這個議題之前，可能需要將這兩個名詞，作深入的探討和溝通，才能進行有意義的對話；才能達成可被接受的共識。

04 墮胎是女性的權利

2022/6/26

最近，美國聯邦最高法院推翻「羅素韋德 (Roe V. Wade) 案」的裁示，決定女性墮胎權將不再受到美國憲法的保障。此舉引發了世界各地一片嘩然以及自由主義者的激烈抗議。保守派認為，這是捍衛人類生命的勝利。自由派則認為，這是對女性基本人權的侵害。

早在 1973 年，美國聯邦法院大法官即以 7 票對 2 票，決議保障女性墮胎權。幾十年來，墮胎合法化已經成為世界潮流。這次美國聯邦最高法院的決議，不僅開時代的倒車，也對女性人權造成嚴重的傷害。

女性權利與胎兒生命的孰重孰輕，是這個議題的基本爭論。這個爭議的基本假設，是認定胎兒是有生命的人體，而墮胎就是對生命的殺害。在保障女性權利與殺害胎兒生命之間該如何取捨，就是相對的爭論焦點。

在面對這個兩難論 (dilemma) 時，的確是十分困難的選擇。但是，如果在面對該救母體還是該救胎兒的選擇時，相信大多數的人都會贊成救母體，而放棄胎兒。如果這個原理成立，母體就比胎兒重要。如果母體比胎兒重要，那麼，女性的權利就比胎兒的生命重要。

你一定會說，為了保障女性權利，怎能殺害胎兒生命？胎兒生命當然比女性權利重要，所以女性不應該享有墮胎的權利。但是，生育與不生育是一體兩面，法律保障女性有生育的自由，就應該保障女性有不生育的自由。如果女性只有生育權，而沒有墮胎權，生育權就沒有意義。

權利有行使的自由，也有不行使的自由。公民有投票的權利，也有不投票的權利，國家不能強制公民一定要投票。同理，女性有生育的權利，也有不生育的權利，國家不能強制女性一定要生育。女性在孩子尚未出世之前，而且在沒有危及女性生命的前提下，當然可以決定不生育，而接受墮胎。

雞蛋是母雞的胎兒，經過孵化後，生出小雞，就如同女性懷孕，經過十月懷胎之後，生出嬰兒。如果說胎兒有生命，雞蛋就有生命。如果說不能墮胎，就不能吃雞蛋。這是邏輯的問題，不是對錯的問題。

生命的定義和胎兒的生命，迄今尚無定論。你可以認為胎兒有生命，所以反對墮胎。你可以認為胎兒沒有生命，所以贊成墮胎。反對派與贊成派可以各自表述，不一定要統一見解。在此情況下，國家司法實在不應該干預，而應由女性自己決定。易言之，墮胎不是法律問題；不是合不合法的問題；不是該不該禁止的問題，而是女性的人權問題，也是尊重女性選擇的問題。

不管女性基於什麼理由，不想生育，或是懷孕後想墮胎，都應該受到尊重與保護。國家或社會都沒有權利禁止或譴責。保守主義者藉宗教之名，或是倫理之道反對墮胎，即便可以被理解，卻不能被接受，因為那只是單方面的道理，不是絕對的真理。

做為一個自由主義者，我贊成女性在必要時，有權利決定是否墮胎。在舉世對墮胎問題爭論不休之際，這篇文章是要提供大家一個思索的方向，就是要站在有必要墮胎的女性立場，做一個明智的選擇。當你要在一位為了不讓孩子受苦受難而墮胎的女性和一位因為不墮胎，而讓孩子受苦受難的女性之間做選擇時，你會站在哪一邊？

05　孩子的教育 I

2020/12/18

我們從孩子的身上看到自己。什麼樣的父母，就有什麼樣的子女；什麼樣的教師，就有什麼樣的學生。要教育孩子之前，就要先教育自己。

如果孩子的思想與言行與我們不同，不是父母的錯，也不是教師的錯，而是時代的差異。我們必須了解時代的變化，調整自己的思想，縮小與孩子的差距。

學校教育是表象，是技術，是科學；父母教育是本體，是思想，是哲學。要讓學校歸學校，家庭歸家庭。教師與父母要各盡所能教育自己，改變自己，充實自己，才能培育優秀的下一代。

教育自己比教育孩子重要；要求自己比要求孩子重要。你若抱怨孩子不好教或孩子不成材，千錯萬錯，都是你自己的錯。

培育孩子只要做好三件事就已足夠。第一是給孩子豐富的心靈；第二是給孩子足夠的知識；第三是給孩子行為的示範。你要教育孩子懂得如何思索與對美的欣賞；你要教育孩子科學的理念與哲學的原理；你要教育孩子尊重別人與認同社會。

不同的年齡層有不同的教育內容與教育方式。但是，教育的基本原則是不變的，就是培育孩子在心靈上，知識上與行為上的成長。

為什麼你喜歡教育孩子？是因為你希望下一代的人比這一代的人更好；下一代的社會比這一代的社會更好。你看到孩子的成長；你看到社會的進步；你看到自己的成就。你因而樂此不疲。

從科學的角度來看，知道原因，就懂得做法；知道病毒的來源，就懂得防治。同理，知道父母為什麼要生孩子，就會懂得如何教育孩子。如果你只是為了傳宗接代或是養兒防老而生孩子，那麼，祇要把孩子扶養長大，就達成生孩子的目的。如果你想要生出一個出人頭地的孩子，就必須衡量自己的能力；就必須學習培育孩子的方法。如果你沒有能力，也不想學習，你有什麼資格生孩子？

同樣的，你為什麼要當一個教師？是為了求一份，穩定的工作，還是為了培育英才？如果你是為了金錢而工作，就不會有愛心與耐心。如果你是為了理想而工作，就會懂得如何教育孩子。

請父母們問問自己：為什麼要生孩子？請教師們問問自己：為什麼要從事教育工作？當父母和教師們都得到了明確的答案，孩子的教育問題就可迎刃而解。

06　　孩子的教育 II

2021/7/7

孩子的教育是家庭的父母和學校的老師共同負責。父母管家庭教育；老師管學校教育。父母與老師必須相互尊重與配合，不能彼此干預或攻擊。

雖然擁有教師證的人不一定是優良教師，但是，優良教師一定會有教師證。有教師證的老師是學校需要的；無教師證的老師是暫時代理的。學校當然要用有教師證的老師取代無教師證的老師。

讓孩子接受不同老師的教導，是教育的一種方式。讓孩子適應不同的教育方式，對孩子的成長是有幫助的。父母沒有理由反對學校調整教師和課程。

父母有教育自己孩子的責任，不能完全推卸給學校。你要言教，也要身教。你不能只教導孩子的課業，你必須培養孩子的思想。你要教導孩子如何思考；如何領悟；如何創造。

你可以教導孩子道德，但是，無法讓他善良。你可以幫助孩子成長，但是，無法讓他成功。你可以激發孩子樂觀，但是，無法讓孩子快樂。孩子的善良、成功和快樂都屬於孩子自己，不屬於父母親。你要讓孩子做他自己，走他自己的路。

你要讓孩子懂得你的好，知道你的壞。你要讓孩子學習你的好，避免你的壞。如果你是一個好人，孩子自然會學到你的好。如果你不是一個好人，如何要求孩子變成好人？

父母的另一個責任，就是讓孩子擁有一個快樂的家庭；讓孩子能夠享有快樂的家庭生活。父母要以身作則，和諧相處，不要惡言相向或引發衝突。父母要能夠了解孩子的個性，妥善處理孩子的情緒，更不要以父母的情緒，與孩子互動。

優秀的老師不一定能教出優秀的學生；不優秀的老師不一定不能教出優秀的學生。成功的父母不一定能夠教育出成功的孩子；不成功的父母也不一定不能教出成功的孩子。孩子教育雖然重要，但是，最後的成功或失敗，還是由孩子自己決定。

做為孩子的父母，只能盡力而為，不必過度強求。孩子自有孩子的人生。父母只能教育孩子，無法強制孩子；只能影響孩子，無法塑造孩子。

培養一個快樂又成功的孩子，是每個父母的期望。如果你無法讓孩子成功，就要讓孩子快樂。如果你讓自己的孩子不快樂也不成功，就是一個失敗的父母。孩子的教育掌握在父母的手上。你可以做一個成功的父母；你可以做一個失敗父母；你可以做一個無為的父母。在自己孩子身上，你可以看到你自己。

07　言教與身教

2022/9/18

每個父母都希望自己是一個優質的父母；都希望自己的孩子是優秀的孩子。但是，除了教育專家之外，一般人大都不太懂得正確的教育方法，而只以孩子的表現或成績，評論父母教育的成功或失敗。社會上經常表揚的模範父親或母親，就是以成大功立大業的子女，作為評選的依據。依我看來，孩子的成就是孩子自己努力來的，不是父母教育造成的。父母可以分享孩子的榮耀，不能取代孩子的榮耀。

其實，有些父母盡心盡力教育孩子，卻教不出優秀的孩子；有些父母不理不教，卻能養出優秀的孩子。父母的教育方法與孩子的優秀與否，並無絕對的正相關。儘管如此，為人父母者還是要努力教好自己的孩子，至少不能養出身敗名裂或危害社會的孩子。父母教育孩子，不僅是為了孩子，也是為了自己，向自己證明是一個負責任的父母。

父母教育孩子，只要用言教與身教的方式教導，就盡了父母的責任。所謂言教（explaining in words）就是父母用語言或文字教導孩子，也就是以心傳話。所謂身教（teaching by example）就是父母用人格特質和行為模式教導孩子，也就是以身作則。言教與身教必須一致，不能有矛盾或衝突。父母不能教孩子要誠實，自己卻去欺騙人。

父母的言教是用說的，孩子是用聽的；父母的身教是用做的，孩子是用看的。父母要說對話，也要做對事；孩子要聽懂話，也要看到事。在親子的對話與溝通中，父母和孩子都要懂得表達、傾聽、說服和化解衝突的技巧。在親子的互動與行動中，父母和孩子都要懂得觀察、學習、配合與尊重的模式。父母與孩子都要從言教與身教中，彼此學習，相互成長。

孩子會不會讀書；成績好不好；能不能考上理想學校，都是學校教師的責任，不是家庭父母的工作。學校與家庭是不同的生活領域，教師管理學校學生的事；父母管理家庭孩子的事。學校不應該侵犯家庭；教師不應該指定家庭作業。家庭不應該干預學校；家長不應該對教師說三道四。教師的責任就是教好學生；家長的責任就是教好孩子。

父母要教導孩子，重視家人的親密情感。親情是維護家庭生活最重要的無形力量。父母之間、親子之間以及兄弟姊妹之間，都必須維持親密的的關係，家庭生活才能和樂融融。父母必須讓孩子享有快樂的家庭生活；讓孩子懂得社會與家庭的不同，讓孩子以不同的態度去面對和因應。

父母要教導孩子知識或技能。你若有知識，就要教導孩子知識；你若有技能，就要教導孩子技能；你若無知識，也無技能，就要教導孩子做人做事的道理。你不能什麼都不懂；什麼都不會；什麼都不教。如果你不會教導孩子，卻要生孩子，就是一個不負責任的父母。

父母要教導孩子理性的思索。孩子在遇到非課業上的困難時，父母必須用理性的思索，幫助孩子解惑和解決。有些孩子功課名列前矛，卻深受人際關係困擾。有些孩子在學校開朗快樂，在家裏卻悶悶不樂。父母必與孩子一起思索，了解問題的所在，幫助孩子突破困境。

父母要教導孩子道德正義的原理以及判斷是非善惡的方法，才能讓孩子懂得為人處世的正確態度；才不會被社會的邪惡力量誘惑或欺騙。如果父母能夠以真實、負責和尊嚴的道德原理以及連帶（社群）、自由（經濟）和民主（政治）的正義原理教導孩子，相信孩子一定可以成為有道德和守正義的人。

自己的孩子教不好，有人怪孩子不聽話；有人怪孩子的朋友太壞；有人怪教師不盡責；有怪社會風氣太差，很少人會怪父母自己。有些父母以為，只要提供富裕的生活，聘請優良的家教，就可以教好孩子；就盡了父母的責任。其實，孩子最需要的是父母的言教與身教，而不是金錢或教師。如果父母不懂得，也不實踐這個道理，即便有出類拔萃的孩子，也不是父母的功勞。

08　孩子需要在責備中成長

2020/4/1

人際關係需要理性的溝通。理性的溝通是要接受合理的批評或責備；是要尊重不合理的批評或責備。

不接受批評或責備，就不知道自己的錯，也不知道別人的對，就無法進步與成長。

不接受批評或責備的人，不是自以為是和鄙視別人的人，就是妄自菲薄和逃避責任的人。被批評或被責備而感自尊受損的人，就是不尊重自己，也不尊重別人的人。

孩子需要學習如何批評人和責備人，也需要學習如何被批評和被責備。父母和教師都需教導孩子這種技能，培養孩子這種氣度。

如果教育方式是以讚美取代批評；以鼓勵取代責備，孩子將無法與人理性溝通；社會將充滿不理性的對立。

我們的社會就是缺乏批評與責備的素養。被批評就動怒；被責備就硬拗；講不過就動武。

我們的學術界也是缺乏批判與被批判的風氣。我們不僅不能批判學術大老，也不能批判學術伙伴；否則，就會被傷害或傷和氣。

以和為貴是我們的傳統「美德」。凡事和稀泥，陽奉陰違，表面恭維，裏面使壞。我們就是不敢說真話、不敢批評人、不敢責備人、不敢為正義發聲、不敢挑戰邪惡。結果使壞人硬出頭，好人被埋沒。

我們必須教育孩子說真話，做對事，明辨是非，懂得道理；要依理批評或責備；要依理接受或尊重。

我們的孩子需要在責備中成長；我們的社會需要在批評中進步；我們的學術需要在批判中發展。

09　　孩子都在做自己

2019/5/28

你給了孩子身體，但不能掌控他的身體。上神給了孩子靈魂，但無法掌控他的靈魂。孩子的身體是孩子自己的；孩子的靈魂是孩子自己的；孩子的路是孩子自己走的；孩子的人生是孩子自己過的；孩子是純粹的自己。

每一個人都在努力做自己。有人選擇做令人崇拜的偉人；有人選擇做令人不齒的壞人；有人選擇做富甲一方的富人；有人選擇做窮途四壁的窮人；有人選擇做奉公守法的良民；有人選擇做為非做歹的流氓。不管選擇做什麼樣的人，每一個人都在做真正的自己。

每一個父母的條件和家庭環境都不一樣。每一個孩子的天賦和成就都不一樣。孩子的人格特質和人生價值在年幼時受父母影響（家庭化）；在年長時受社會影響（社會化）。當社會化凌駕家庭化時，孩子就成為他自己了。

社會教育（學校教育）在培育知識與技能，是科學也是科技。家庭教育（父母教育）是在培育愛與生活，是哲學也是藝術。孩子在這兩種教育下，逐漸做自己的人，走自己的路。

專家教導我們，教育孩子要五要五不要。要陪伴、要傾聽、要溝通、要尊重、要幫助；不要敷衍、不要命令、不要要求、不要情緒化、不要溺愛。但是，大多數的父母就是知道，也很少做到，甚至做不到。如果真的做到，也不一定能培育孩子成為理想的自己。

孩子是你生的；孩子是你養的；孩子是你教的。你們有共同的血統。你們有共同的生活。你們有共同的價值。你可以從孩子中看到自己，孩子也可以從父母中看到自己。孩子知道父母的期望；父母也知道孩子的興趣。雙方會在無形的默契中達成協議。

孩子會做他自己。不管是順從你的意志或違背你的意志，都是做他自己。你無法強制他成為你的代理，也不必擔心他不會做他自己。孩子會依照自己的意志做他自己。

只要父母懂得做好自己；只要父母懂得人生的哲理；只要父母懂得生活的樂趣，孩子就會親近你，就會學習你，就會成為你理想中的自己。

孩子教得好不是父母的功勞，孩子教不好也不是父母的過錯。孩子能孝順不是父母教得好，孩子不孝順也不是父母教不好。你只要做好你自己，孩子就會做好他自己。

如果你害怕不會教孩子，為什麼要生孩子？如果你害怕孩子叛逆你，為什麼要生孩子？如果你害怕孩子折磨你，為什麼要生孩子？如果你不在乎這一切，就是要生孩子，就別抱怨養出一個敗家子；就別抱怨養出一個窮光蛋；就別抱怨養出一個殺人犯。

10　家庭作業

2021/12/17

小時候，學校老師都會要求學生，在下課後回家做家庭作業，並在翌日檢查作業。此外，補習班的老師也會指定家庭作業，要學生帶回家做。家庭作業似乎成為老師們的工作，也是學生們的負擔。

關於家庭作業的利弊得失，贊成者和反對者各有各的實驗證明與理論依據。但是，贊成派好像佔了上風，才使得這種教育政策依然盛行；才讓小孩繼續承受課業的壓力；才造成家長的疲於應付；才形成老師的工作負擔。

若從哲學的觀點來看這個問題，我有兩個想法：第一是學校與家庭是否應該合一或區隔？第二是家庭作業是否能夠提高學生的學習成果？

理論上，學校與家庭的本質與功能是不同的。學校是社會團體；學校的功能是在教導學生學習知識與技能以及社會適應。家庭是家人組織；家庭的功能是在訓練家人的共同生活和培育深厚的親情。因此，學校與家庭必須加以區隔，不能混為一體。學校不是家庭的延伸；家庭不是學校的延續。

如果接受學校與家庭分立的看法，學校就不應該干預學生的家庭生活；家庭也不應該介入學校的教育活動。依此推論，學校老師就不應該指定家庭作業，讓學生帶回家做，以免影響學生的家庭生活。另一方面，學生家長也不應該在學校組織 PTA，干涉學校的行政或是干擾老師的教學。

教育的目的是在讓學生獲得知識與技能以及社會適應，不是要多做作業或爭取好成績。只要學生能夠在上課時認真學習，就能夠學到充分的知識與技能，不需要在下課後再寫作業，繼續學習。其實，下課後的學習效率會遞減，甚至有逆效果。家庭作業也會加重學生的負擔，造成學生的壓力，對學生的身心都有負面的影響。

我認為，培育小孩最理想的方式，就是讓小孩享有快樂的家庭與學校生活，並在快樂的環境中學習與成長。這不僅是小孩的基本權益，也是家長與老師的重要責任。我們必須要把家庭與學校徹底分隔，讓小孩在上課時完全回歸學校；讓小孩在下課後完全回歸家庭。

家庭作業是學校對家庭的侵犯；是老師對家長的干預；是課業對學生的壓迫。家庭作業制度不廢除，小孩的身心就會受到傷害；小孩的權益就會受到侵害。可是，大多數的家長為了要讓自己的小孩贏在起跑點，而要求老師加強家庭作業。大多數的老師為了爭取教學績效，而增加家庭作業的份量。家長和老師合謀限制小孩的自由；壓榨小孩的身心；侵犯小孩的權益。

在沉重的課業壓力下，小孩的學習成果提高了嗎？小孩的人格發展健全了嗎？下一代的生產力提升了嗎？社會的文明進步了嗎？家長，老師和教育政策決策者應該審視家庭作業制度的利弊與功過，建構適合小孩學習與發展的新理論與新制度。

家長的角色是要以愛心陪伴小孩成長；老師的功能是要幫助學生發揮潛能；教育的目的是在培育優質的人才。正常課程之外的家庭作業，對小孩，家庭，學校和社會都是不利的。為什麼我們還是不肯放棄？為什麼我們還要折騰小孩？為什麼我們要繼續傷害家庭，學校與社會。

第 **2** 章
家庭與親子

01　家庭

2021/5/6

家庭 (family) 是由婚姻，血緣或領養關係所形成的社會集團 (any group of persons closely related by marriage, blood, or adoption)。家庭有由夫妻及子女組成的核心家庭；有由夫妻和子女夫妻所組成的骨幹家庭；有由三代同堂所組成的共同家庭或大家庭。

家庭有五種基本結構：(1) 人口結構（男女，小孩，老人，身心障礙者）；(2) 角色結構（父親，母親，丈夫，妻子，兄弟姊妹，祖父母）；(3) 關係結構（夫妻，親子，兄弟姊妹，隔代）；(4) 權利結構（代表權，管理權，計畫權，選擇權，決定權）；(5) 家計結構（所得，消費，儲蓄，投資，資產配置）。

家庭有七種基本功能：(1) 生理功能（衛生保健，醫療復健，性，生育）；(2) 心理功能（情緒，歸屬，分享）；(3) 經濟功能（財物，勞務，家務）；(4) 教育功能（人格，習性，文化，技能）；(5) 休閒功能（旅遊，運動，活動）；(6) 照護功能（托育，保護，照護）；(7) 社會功能（社會參與，人際關係，社會資源）。

家庭有六個週期：(1) 新婚期、(2) 養育期、(3) 教育期、(4) 向老期、(5) 老年期、(6) 孤老期。每一個階段都有不同的目標與任務。新婚期的目標是夫妻關係的形成，家庭生活的展開以及生育計畫。養育期的目標是幼兒的照顧與教育，以及第二子的生育計畫。教育期的目標是子女教育與就業，配偶的再就業以及家庭規劃的重整。向老期的目標是子女的就業與經濟獨立，以及子女的結婚與協助。老年期的目標是快樂老年生活的實踐。孤老期的目標是安全獨居生活的實踐。

家庭有七個理想的條件：第一要有共同的生活目標。第二要有和諧的角色扮演。第三要有良好的溝通與互動。第四要有經濟的互利。第五要有價值的互補。第六要有家務的分工。第七要有解決家庭問題的能力。

每一個家庭都有許多問題，必須慎重處理；否則，就會造成家庭的危機。例如，家庭經濟問題，情緒障礙問題，性生活問題，夫妻關係問題，親子關係問題，婆媳關係問題，子女教育問題，工作兼職問題，人際關係問題等。每一個家庭問題都可衍生出更多的家庭問題。有時，吵一次架就會破壞整個家庭的和諧。

由於價值觀的差異，家庭經濟的壓力，家庭角色的不履行，家人關係的緊張，常導致家庭的失衡。於是各種家庭病理就逐漸出現。例如，冷漠或疏離、破壞性爭吵、偏差行為、暴力行為、酗酒、吸毒、賭博等。這些病理會直接造成家庭的解體。

家庭解體有弱化 (weakening)，崩潰 (breakdown) 和瓦解 (dissolution) 三個過程。弱化期會有空巢、分居、失業、入獄等現象。崩潰期有各種家庭病理的發生。瓦解期則有離家出走，遺棄，離婚以及各種犯罪行為。家庭解體產生各種破碎家庭，成為嚴重的社會問題。

兒童虐待與家庭暴力日趨嚴重，必須正視預防和解決。這兩個問題其實是同一個問題。我們可從家庭因素，個性因素和直接因素去理解。家庭因素有經濟問題，工作問題，照護問題以及家庭不和等。父母個性則是影響暴力行為最大主因，例如，情緒失控，行為不檢，無視社會規範，反抗性格，嫉妒性格，強迫性格，嚴苛性格，被害意識，孤獨感，小心眼，善變以及易施暴等。直接因素則有對子女或配偶的不滿，對子女或配偶的愛恨混淆，不考慮子女或配偶的立場與感受，對子女或配偶的要求過於嚴苛以及自我滿足等。

家庭是一個追求幸福的生活場所，卻是一個看似容易實則困難的組織。由於家庭結構，家庭關係，扶養意識以及生涯週期等的激烈變化，更使得家庭這個名詞成為一個人人有期待，卻人人沒把握的怪物。奉勸未婚的朋友，在你結婚之前，必須充分了解結婚對象的人格特質，價值觀，人生觀，行為模式，生活樣式以及家人關係，同時，要妥善規劃家庭生活的細節。多做一分規劃，多得一分保障，少受一分傷害。我也要奉勸已婚的朋友，要重新與配偶再結一次非正式的婚；再度一次正式的新婚旅行；再

做一次新的生涯規劃；再調整一次新的生活樣式；再重新發現彼此的美與帥；再重新相愛一次。請你握著老伴的手再說一次：" I love you. "。

02 家庭福祉

2019/7/1

家庭是培育健全身心與知識技能的場所，也是家人追求幸福生活的基地。家長的使命就是要維護家庭功能的正常運作，實踐家庭福祉的理想目標。家長必須負起家庭成敗的完全責任，不能推卸責任給別人，社會或政府。如果你要跟一位合夥人合組一家公司，就必須在事前慎重分析，評估與規劃。同樣地，如果你要跟一位配偶合組一個家庭，也必須在事前慎重分析，評估與規劃。我們必須終結：因為有愛所以結婚；因為結婚所以生子；因為生子所以貧窮；因為貧窮所以不幸的傳統觀念，建立理性的婚姻評鑑制度和幸福的家庭福祉制度。

家庭福祉是由家庭提供成員以及由成員一起實踐的健康性，文化性與情感性措施。家庭成員要藉由財物的分享，家務的分工與情感的互愛去塑造一個幸福的家庭。家庭福祉從日常的食衣住行育樂到家人的臨終照護都屬之。我們至少可以把家庭福祉歸納成六大類：第一是健康福祉（衛生保健）；第二是財物福祉（金錢物質）；第三是文教福祉（知識技能）；第四是勞務福祉（照顧照護）；第五是休閒福祉（娛樂遊憩）；第六是情感福祉（親情人情）。

家庭的衛生保健要做好。舉凡居家環境，居家清潔，居家作息，飲食衛生，健康檢查，預防接種，傷病預防，疾病治療等都要重視，不可輕忽。要防濕，要防跌，要防毒，要防污染，要注意清潔，要正常作息，要重視飲食的均衡與習慣。在資訊發達的現在，每一個人都可以透過網路資訊，習得衛生知識與醫療常識。家長不僅要重視自己的健康，也要照顧好全家人的健康。

家庭的財物規劃要有效。家長要依資產的數量與家庭的需求，有效配置動產，不動產，資本財與消費財，並有效運用金錢，購買和使用消費財。家長不可以把資產全部用在證券市場，購買不動產或投入事業經營，也不可以浪費金錢在低效用的消費財上。家長必須保留家庭福利的必要資金，若有盈餘再去做其他的運用。使用財物不是要量多，而是要有效。有人可以使用便宜的食材做出一手好菜；有人可以使用便宜的服飾穿出一身品味。

家庭的教育文化要重視。人力是由體力和智力所構成。家庭成員除了要有健康的身體，也要有高超的智慧。家長必須教育自己，充實自己的知識技能，才能教育子女。家長必須以創造藝術的心態去教育子女，不僅要教育子女如何做，也要教育子女如何思；不僅要培育子女生活技能，也要培育子女文化氣質。孩子是父母的藝術作品；父母是孩子的藝術雕刻師。

家庭照顧與照護要依賴市場。現代家庭已喪失照顧幼兒與照護老人的功能。由家庭提供此種福利，只會累壞自己，無助家人。年幼的孩子可以依賴育嬰中心，幼兒園或安親班；年老的父母可以依賴托老，安養，療養或養護等機構，由專業的人員去照顧或照護。由家庭提供照顧或照護，對受照顧者或受照護者不一定是福祉，對照顧者或照護者則是奴役。

家庭的休閒娛樂要規劃。家庭成員的休閒娛樂不僅有益身心的健康，也能增廣見聞，更能促進家人的情感。休閒娛樂有動態的活動，運動或旅遊，也有靜態的藝術欣賞，文化學習或技藝傳授。家庭休閒娛樂要由家庭成員共同規劃，共同參與，共同分享，不要由父母單方面規劃，強迫家人參與。家長要提出預算計畫，由家人一起討論，規劃與實踐。

家庭的人際關係要和諧。家庭成員要互相關心、互相同理、互相肯定、互相鼓勵，互相慰藉。家長必須傾聽子女的心聲、理性溝通、控制情緒、化解衝突。家長要把家庭塑造成一個樂園，不要把家庭開闢成一個戰場。愛笑的父母常會培育出愛笑的子女；愛笑的家人常會孕育出歡樂的家庭。

家庭福祉需要愛心，金錢與知識，缺一不可，而愛心則是家庭福祉的核心。用愛經營家庭，家庭就是樂園；用恨經營家庭，家庭就是地獄。沒有愛心，再多的金錢，再高的學歷都無法建立幸福的家庭。當然，金錢與知識也十分重要。貧窮的家庭百事哀；無知的家庭難幸福。

最近，有人提出「六歲以下兒童由國家幫你養」的選舉政見。姑且不論政府的財政負擔與政策效益，就從個人道德與社會正義而言，這種政見一旦實現，不僅會引發道德危害，也會製造社會問題。想想你會同意，「我享樂你買單」，「我生育你養育」的不道德要求嗎？你會贊成用國家的財源去推動這種不正義的政策嗎？因此，我主張，誰生下孩子，誰就必須負起養育孩子的完全責任；社會必須用社會制裁的力量譴責不負責任的家長；政府必須以排富條款，提供不幸家庭的最低福利。

03　家庭經濟

2022/9/11

家庭就像一條航行在汪洋中的小船；家人就像船上的人，有些家庭是夫妻兩人，有些家庭是親子多人。結婚就像兩個戀人製作一條船，準備出發航向大海。結婚前，兩個人必須做好出航前的規劃。要建造一條安全溫馨的船體；要充實釣魚的技術；要準備必需的裝備。有好的規劃與準備，才有好的開始；有好的開始，才有成功幸福的可能。

結婚是人生大事；家庭是幸福的所在。戀人在結婚之前，必須做好婚後家庭生活的規劃，提早做準備，並依照計劃一步步去實踐。家庭是家人共同生活的場所，必須全員一心，一起追求幸福的人生。尤其是夫妻兩人必須扮演父母的好角色，負起家計主的職責，為自己的家庭提供良好的生活；為自己的家人創造幸福的人生。

家庭生活除了生理（衛生與保健）、心理（情緒與精神）、照顧（育兒與照護）、經濟（收入、支出與儲蓄）、文化（資訊與教育）、休閒（娛樂與旅遊）、社會（人際關係與社會活動）等功能之外，還有家庭認知、生活價值、角色扮演、人生目標、氣氛營造、家務分工、親子溝通、管理方式等家庭問題。家庭經營除了要重視硬體，也不能忽略軟體；除了重視物質，也不能忽略精神。

在上述家庭功能與家庭問題中，最重要和最需要考量的，就是家庭經濟。俗話說，巧婦難為無米之炊，就是家庭經濟的最佳寫照。家庭生活若無足夠的財源，再精密的規劃也無濟於事。結婚之前，必須依照婚後的年度所得和擁有的資產，規劃婚後的經濟問題。如果經濟條件不符合自己的需求，就不要勉強結婚。如果經濟條件不足養兒育女，就不要任性生育。

一般人都認為，戀人若能相愛相許，就可以結婚；一旦結了婚就必須早生貴子。這是十分錯誤和危險的觀念。要知道，貧賤夫妻百事哀；貧苦子女難出頭。若要當一個負責任的夫妻或父母，就必須重視家庭經濟的問題。在家庭這條船上，如果船長捕不到魚，家人就無法存活；如果家人不同一條心，小船就無法運行。

家庭經濟是由收入、支出和儲蓄三者所構成。家庭收入有勞動所得、財產所得、事業所得及移轉所得四種。家庭支出有消費性支出與非消費性支出，前者有必要性支出與選擇性支出；後者有租稅支出、保險費支出、貸款利息和分期付款支出。家庭的必要性支出有居住費、食物費、教育費、交通費、保健醫療費及水電燃料費等。家庭的選擇性支出有服飾費、資訊費、休閒旅遊費、家庭器具與設備費等。

每個人都希望，收入、支出和儲蓄都要越多越好。如果無法增加收入，而要維持一定的儲蓄，就必須節省支出，否則，就會減少儲蓄，甚至負儲蓄。理性的家計主會依據收入效率化、支出效用化和儲蓄收益化的基本原理，經營家庭經濟。如果能夠充分運用這三個原理，就能夠獲得富裕和高品質的生活。好生活是靠實力實現的，不是靠嘴巴達成的。若要帶給家人幸福，就必須展現自己的實力。

為了增加收入，家計主必須提升自己的工作能力，有效率的賺取高額的收入。大家都知道，經營事業，賺取利潤，要比受僱於人，領取固定薪資更有豐厚的收入。但是，做事業除了需要大筆資金之外，也要冒失敗的風險，不是每一個人都能負擔和承擔。因此，大多數的人都選擇受僱於人的固定所得，而無法大幅增加收入。為了增加收入，有些人會在本業上力求表現，逐步提高職位，增加薪資；有些人則會在本業之外，從事副業或兼職。如果家計主不努力增加收入，就難以改善家庭的經濟生活。

為了提升家庭的生活品質，必得增加家庭的消費支出。如果家庭收入足以支付家庭支出的增加，而不影響儲蓄，當然沒有問題。如果家庭收入固定，家計主就必須具有效用極大化的觀念，有效率的從事家庭消費。首先，在購買財物前，必須根據自己的效用程度，排定優先順序。其次，在購買財物時，必須隨著商品價格的變動，調整購買的數量。最後，在購買財物之後，必須以高度的技巧，增進財物的利用價值，或是延長財物的使用期間。家計主若不以效用原理處理家庭消費，就會造成不必要的浪費，影響家庭的經濟生活。

一般人最常見的儲蓄方式就是金融性存款，包括活期存款、定期存款、人壽保險、債券基金等。有些人還會投資股票、期貨、不動產和貴金屬等。一般來說，收益較高的儲蓄，風險也較大。尤其是股票、期貨和不動產的投資，常有虧損的現象。如果家計主在可以承擔風險的範圍內，從事風險性的投資，一旦發生虧損，就不會影響到家庭的經濟生活。風險性投資是有多餘金錢，或是有專業知識者玩的遊戲，一般人必須謹慎從事。

由於就業市場的不穩定和生活品質的普遍提升，家庭經濟逐漸呈現不穩定的現象。家庭收入日趨不穩定；家庭消費不斷增加；家庭儲蓄逐年減少。經濟問題已經成為現代家庭的重大危機與挑戰。不少家庭因為經濟問題而困擾，甚至造成家人的衝突，或是家庭的解體。因此，家庭經濟的管理已是現代家計主必須學習的課程和必須承擔的責任。

搞好家庭經濟，就能搞定家庭生活，至少不會讓自己和家人受苦受難。除了家庭經濟之外，也要重視家人同心協力的情感。生活除了經濟性的物質生活，也有情感性的精神生活，兩者缺一不可。在追求家庭經濟的富裕之時，也要同時建立同心家人的和諧家庭。每個家庭都像一條小船。有些船滿載魚貨；有些船只有些許魚貨；有些船則無任何魚貨。你可以成為一個優秀的漁夫；你可以成為一個平凡的漁夫；你可以成為一個拙劣的漁夫。你可以決定自己的生活；你可以決定家人的生活；你可以決定家庭的命運。

04　家庭失衡

2022/7/20

每對夫妻在結婚之前，總是充滿對婚姻的夢想與期待，希望從此王子公主可以過著幸福美滿的生活。然而，婚後才逐漸發現事與願違，甚至引發不滿或失望。長期累積的壓力或痛苦，往往會造成夫妻的衝突和家庭的失衡，形成家庭的危機或解組。

家庭失衡的成因很多，小自想法的不同，大至暴言暴行，都會造成雙方的不悅或爭吵。本文只提出七項家庭失衡的因素，供讀者參考。你可以用價值認知、家庭目標、子女教養、角色扮演、生活習慣、經濟狀況和溝通技巧等七項指標，去檢驗自己的家庭生活。如果發現有失衡的現象，就針對該項指標做深入思考，想想到底問題出在哪裏？然後，再想想解決或改善的對策或方法。

每個人都有自己的價值認知，也就是值得說、值得做、值得追求、值得擁有或值得放棄的事。再恩愛的夫妻也都有不同的價值認知和不同的想法與做法。如果價值認知的差異很大，就容易引起爭論或衝突，造成家庭失衡。如果老婆想買一個 30 萬元的包包，老公會如何反應？如果老公想買一部昂貴的跑車，老婆會怎麼反應？

每個人對自己的家庭都有一些願景和目標。如果夫妻沒有相同或相似的目標，就容易產生家庭的失衡。譬如說，老公希望有個大家庭，所以要老婆多生幾個小孩。可是，老婆卻不贊同，甚至堅決反對。在此情況下，如果不好好溝通，取得共識，就容易出現失衡的現象。

夫妻對子女的教養方法或方式若有很大的差異，就容易產生家庭的失衡。例如，老婆要採取斯巴達式的教育，而老公卻要採用自由放任的教育；老婆要送孩子到國外留學，而老公卻堅持孩子應該留在國內受教育等等。如果子女教育完全由母親教導，父親不要干預，就不會失衡。如果老公不會教小孩，卻要罵小孩，還指責老婆的教育方式不對，就容易造成家庭的失衡。

每一個家庭成員都扮演一定的角色；每一個角色都有一定的地位、職務、職權與職責。老公通常扮演保護、經濟和諮詢的角色；老婆一般扮演家務、教育和玩伴的角色。有時候，老公會潛越自己的角色，侵犯老婆的職務或職權；老婆也會潛越自己的角色，侵犯老公的職務或職權，而引發衝突。老公太霸道，或是老婆太強勢，都容易引起夫妻的衝突，影響家庭和諧。

一個人的生活習慣大都在婚前就已經形成，不容易改變。如果生活習慣的差異太大，就容易產生衝突。譬如說，老婆有潔癖，老公很邋遢；老婆喜歡學習，老公喜歡玩樂；老婆喜歡早睡早起，老公喜歡晚睡晚起；老婆喜歡外出旅遊，老公喜歡閒賦在家。不同的生活習慣會演變成家庭生活的障礙，而形成家庭的失衡。

經濟狀況是影響家庭生活最重要的因素。柴米油鹽醬醋茶的生活是每一個家庭每一天都必須面對的事。如果家庭經濟拮据，就會產生家庭生活的障礙，影響家庭的均衡關係。有許多夫妻的衝突或家庭的解組，都源自家庭經濟的困擾。在無法滿足經濟需求的情況下，常常會對伴侶失去耐性；對家庭失去信心。

每個家庭都有各自的問題和難以解決的事情，如果不妥善處理，就會產生各種家庭的病理現象。要化解這個危機，就必須靠著溝通技巧去解決。

夫妻間或家人間的溝通十分重要，若不能有效溝通，就難以解決家庭問題，化解家人的矛盾與衝突。夫妻雙方都必須學習表達、傾聽、說服和化解衝突的溝通技巧，才能維持家庭的均衡。

其實，每個家庭都有失衡的現象，只是有些家庭比較嚴重；有些家庭比較輕微。如果夫妻雙方都不努力克服，而任由家庭失衡繼續惡化，就會演變成不可收拾的局面。婚姻的維護和家庭的經營，不是靠愛情，而是靠智慧；不是靠感情，而是靠理性。如果你想得到一個美滿的婚姻，就必須了解家庭失衡的原因，尋求解決危機的方法，培養維護家庭均衡的能力。

05　家庭管理與夫妻權力

2022/7/18

家庭 (family) 是最小單位的社群組織。家庭管理 (family management) 是家人、家事、人際、消費、資產、資訊、時間等的支配力或影響力。權力 (power) 是支配或左右他人的能力。

夫妻權力的形態可以簡單分為四類：第一是丈夫支配型；第二是妻子支配型；第三是夫妻協議型；第四是個別自律型。每對夫妻都可以依照家庭管理權的強弱，決定夫妻權力的大小。你可以依照上列七個家庭管理的指標，以五分位或十分位的量度，評量自己的權力，就可以測量出自己在夫妻間或家庭裏的地位。

家庭除了夫妻之外，或是還有子女父母。家人關係隨著家人人數的增加，而益趨複雜。誰對家人的管理最具支配力或影響力，就決定自己擁有的家庭權力。如果只是夫妻兩人，那麼，就看誰在日常的互動中表現得比較強勢。易言之，就是家庭大小事大致由誰決定或支配。

理論上，單薪家庭的家事應由專業的家庭主婦或主夫負責。如果是雙薪家庭，則應由夫妻雙方共同承擔。實際上，有些妻子不管有沒有工作，都要負起家務的大小事；有些丈夫不管有沒有工作，也不做任何家務事。一般人還有「男主外；女主內」的傳統觀念，認為家庭的生活瑣事應由妻子頂包，丈夫都不要參與。有些妻子也認為家事應由自己包辦。

家庭對外的人際關係，除了親朋好友之外，也包括各種社會活動。在人際關係與社會活動中，誰具有決定權或代表權，就彰顯夫妻權力的重要性。誰決定家人要與誰交往以及交往的方式；誰決定家人要參加什麼活動以及如何參與；誰代表家人與別人交涉和應對等等都是夫妻權力的展現。

家庭生活中最重要，也是每天必須做的事，就是消費管理。小自買菜購物，繳納各種費用，大至購買家電家具等耐久消費財，都需要精打細算，有效管理。尤其是旅遊支出，更需要有效的的規劃、安排與執行。消費生活不僅要懂得如何選擇與購買，也要知道如何有效使用與保養。家庭中，由誰負責家庭的消費管理，就擁有家庭的管理權。如果你認為家庭的消費管理是小事，而不予理會，就是放棄了自己的權力。

一般夫妻最重視的是資產管理，包括動產（存款、保險、基金等）、不動產（土地、房屋、廠房等）與資本財（股票、投資、企業等）。雖然家庭資產是夫妻共有（也有夫妻分別財產），但是，大多數的夫妻還是很重視自己的財產比例。夫妻擁有的財產比例愈高，經濟權力愈大。有些夫妻會將家庭資產等量分配；有些夫妻則會分配不均，甚至完全由夫妻的一方支配。

一般夫妻對家庭資訊大都不予重視。其實，家庭資訊的充實與分享，不僅影響家庭的文化與教育，也關係夫妻的權力與情感。譬如說，誰決定家裏要訂閱什麼報紙雜誌；要購買什麼書籍；要看什麼電視節目；要分享什麼資訊等。如果家人對家庭資訊有共同的興趣，也有共同的話題，家人關係必能和諧；家庭文化必能提升。

家庭共有的時間管理也是家庭的重要課題。除了工作、睡覺、應酬以及假日之外，家人的共有時間十分有限，若不加以有效運用，會造成很大

的浪費。留給家庭的時間愈多，家庭的權力地位愈高；留給家庭的時間愈少，家庭的權力地位愈低。家庭的共有時間由誰決定和安排，也與家庭權力有關。家庭時間的支配者往往是家庭最有權力的人。

在家庭裏，有人喜歡掌權；有人喜歡棄權。在社會上，有人說自己是一家之主；有人說自己是無權之人。在家和萬事興的觀念下，大多數的人都能忍受伴侶的霸權；都會甘願做個無聲無息的人。有些丈夫會以「聽妻話大富貴」；有些妻子則以「嫁雞隨雞，嫁狗隨狗」的話，安慰自己的失權與無權。

當家庭的強者不一定好，也不一定壞。當家庭的弱者不一定壞，也不一定好。只要自己能夠接受，不管當強者或是當弱者，都是好丈夫或是好妻子。如果自己不想當強者，卻不得不當強者，或是自己不想當弱者，卻不能不當弱者，就是不幸福的丈夫或妻子。

從家庭管理的角度思考，誰擁有較多的家庭管理權或家庭權力，就必須付出較大的代價。自己經過理性評量之後，如果覺得自己的家庭權力太小，就必須與伴侶好好溝通，爭取較多的權力。如果覺得自己的家庭權力太大，也要與伴侶好好商量，放棄一些權力。夫妻雙方必須在夫妻權力的平衡上，取得雖不滿意但能接受的最適狀態。

06　天下的媽媽都是不一樣的

2022/8/9

楊耀東寫了一首「天下的媽媽都是一樣的」的歌曲，把自己對母親的愛與讚美，擴及全天下的媽媽。其實，天下的媽媽都是不一樣的，因為天下沒有兩個人是一樣的；沒有兩個家是一樣的；沒有兩個孩子是一樣的。

人的好與壞是別人認定的；母親的好與壞是子女認定的。一樣的人有人認為好，有人認為壞；一樣的母親有子女認為好，有子女認為壞。別人

認為的好母親，子女不一定認為是好媽媽；別人認為的壞母親，子女不一定認為是壞媽媽。

大部分的母親都會疼愛自己的子女。她們會為子女的成長悉心照料；會為子女的教育耐心教導；會為子女的健康擔憂照顧；會為子女的生活不眠不休；會為子女的幸福犧牲自己的幸福；會無怨無悔的為子女做牛做馬。在子女的眼中，大部分的母親都是值得愛與讚美。

但是，不是天下的母親都會疼愛自己的子女。有些媽媽會讓子女受苦受難；有些媽媽會遺棄子女；有些媽媽會施暴子女；有些媽媽會傷害子女；有些媽媽會施壓子女；有些媽媽會阻擋子女；有些媽媽會拖垮子女；有些媽媽會以疼愛之名傷害子女。

不管是好媽媽或壞媽媽，大部分的子女都會愛媽媽；都會孝順媽媽；都會以媽媽為榮。所謂天下無不是的父母；天下的媽媽都是一樣的好，就是這個道理。但是，有些子女即使有個好媽媽，也會忤逆媽媽、傷害媽媽、折磨媽媽、辱罵媽媽，甚至殺害媽媽。因此，不是所有的母親都是好媽媽；不是所有的子女都是好子女。

天下的媽媽都是不一樣的，有好媽媽；有壞媽媽。天下的子女都是不一樣的，有好子女；有壞子女。好媽媽遇到好子女，就是幸運的母子或母女。好媽媽遇到壞子女，或是好子女遇到壞媽媽，就是不幸運的母子或母女。壞媽媽遇到壞子女，就是悲慘的母子或母女。

什麼樣的母親是好媽媽？相信沒有人可以明確定義，也沒有人能夠列出完整的指標。每位母親都想做個好媽媽，但是，很少母親是完美的好媽媽。自認是好媽媽的人，不一定就是真正的好媽媽；自認壞媽媽的人，不一定就是真正的壞媽媽。母親只要經營好家庭和管教好子女，就是稱職的媽媽。

一般人常以子女成就的高低，作為評定好母親或壞母親的依據。社會上所謂的模範母親或不良母親，就是以子女的對社會的貢獻，或是對社會的傷害，作為評斷的依據。大家都會說，大老闆的母親一定是個

好媽媽；大強盜的母親一定是個壞媽媽。其實，好媽媽也可能培育出壞子女；壞媽媽也可能培育出好子女。子女的成就與母親的好壞，並無絕對的相關。

有許多媽媽會以自己子女的成就為傲。孩子長得可愛；孩子成績好；孩子考上名校；孩子獲得博士學位；孩子做生意賺大錢；孩子當上市長或議員；孩子送大禮給母親，都會讓媽媽沾沾自喜，樂不可支。母親在炫耀孩子成就的同時，也在炫耀自己是個好媽媽。別人在讚美子女的成就時，也在讚美母親是個好媽媽。

每位母親都依照自己的人格特質、知識技能、經濟能力、社會地位等條件，經營家庭，教養子女。每位母親的條件都不相同，經營教養的方法也不一樣，所以天下的媽媽都是不一樣的。每位母親都應該學做一個不一樣的稱職媽媽，不必做一個沒有正確標準的好媽媽。

07　親子關係

2021/7/12

生育容易養育難。孩子從出生開始就必須接受父母的扶養與教育（養育）。這是為人父母者責無旁貸的事。父母的角色扮演決定父母的養育方式：父母的養育方式決定父母與子女間的親子關係。親子關係不僅會影響夫妻關係，也會影響家庭的發展。

父親必須扮演保護性，規範性，知識性，理性以及絕對性的角色。父親必須以身作則，作為孩子學習的榜樣。父親必須教導孩子知識技能，理性的態度以及進取的精神。

母親必須扮演概括性，照顧性，溫情性，感性以及玩伴性的角色。母親必須以被保護者的立場去同理孩子，支持孩子，與孩子共同成長。母親必須以溫柔的態度陪伴孩子學習，教導孩子為人處世之道。

幼兒期（0-5 歲）是人格特質的形成期，也是抗拒最小，影響最大的時期。孩子會像海綿般地吸收父母的價值觀和生活態度。父母除了要重視孩子的生理成長，更要教導孩子生活的自我控制以及父母價值觀的內在化。

兒童期（6-12 歲）是由家庭化進入社會化的初階期，也是開始接受學校教育，並受同儕關係影響的時期。父母必須重視父母價值觀與教師價值觀的調整（兩者的差異常會造成孩子觀念的混淆），幫助孩子社會學習，協助孩子建立同儕關係。

少年期（13-18 歲）是脫離家庭化趨向社會化的叛逆期，也是深受同儕關係影響的變化期。父母必須教導孩子自我評價和自我形塑，幫助孩子建立良好的同儕關係，帶領孩子體驗家庭與學校之外的社會生活。

青年期（19 歲以上）是脫離家庭完全社會化的獨立期，也是開始獨立生活的體驗期。父母必須協助孩子在精神上完全獨立，在異性關係上建立良好的情感與互動，並在孩子結婚時提供必要的協助。

理想的親子關係至少要有下列七個原則：(1) 家人情感的共感與同理；(2) 明確的教育方針與培育計畫；(3) 情緒控制的人性教育；(4) 家庭教育與學校教育的良好配合；(5) 正確的角色扮演；(6) 提供孩子勞動機會；(7) 社會支持系統的建構。

失敗的親子關係一般有下列幾種現象：(1) 父母人格特質的不成熟和精神的不安定；(2) 父母角色扮演的失敗；(3) 父母的錯誤示範與愛的扭曲；(4) 缺乏社會化的教育；(5) 對孩子過度保護或過度放縱；(6) 對孩子過度期待或過度要求；(7) 學業至上主義，以學業成績作為獎懲的依據；(8) 父母態度的兩極化；(9) 否定性的情緒反射；(10) 父母經常不在家。

有些孩子生性就難以教化，很難與父母建立良好的親子關係，例如，個性叛逆，精神異常，身體障礙，社會不適應，責任的扭曲，學習不良，惡友誘惑等。有些孩子是來報恩的；有些孩子是來討債的，這或許是前世因果。如果真的碰到了，也只能面對，無法逃避。你必須以加倍的愛心，耐心和信心去教導與培育。

08　親子情

2021/12/16

最近，由於親子關係的惡化，而告上法庭的案件逐漸增加。家庭問題和親子關係已成為現代社會必須正視的議題。很多家庭都有一些不為人知的家庭困擾；親子之間都有一些難以克服的難題。許多人尤其是社會地位較高者，更難啟齒自己的家務事；更難解決自己的家人問題。

所謂親情 (affection)，是有婚姻或血緣關係者之間的感情。親情有夫妻情，親子情與兄弟姊妹情。所謂親子情，是父母與子女之間的感情。有些人有深厚的親子情；有些人有淺薄的親子情；有些人毫無親子情；有些人則有仇恨的親子情。

自古以來，生兒育女和養兒防老一直是一般人根深蒂固的觀念。不管有沒有能力養育子女，一旦結了婚，就一定要生小孩。即便自己不想生，雙方父母也會軟硬兼施，要求新婚夫妻生育小孩。社會也會以「不孝有三，無後為大」或「絕子絕孫是罪惡」等觀念譴責不生小孩的夫妻。政府甚至會以各種補助或津貼，獎勵國民生小孩。

大家都知道要生小孩，只有少數人懂得教養小孩。有人生而不養；有人養而不教；有人不養也不教；有人凌虐小孩。親子關係逐漸淡薄；親子衝突日益激烈。親子情的惡化有些留在家庭內；有些浮出檯面上；有些訴諸法律。親人一旦站上法庭，親子情就蕩然無存。

要解決親子情惡化的問題，必須從觀念的改變做起。現代人必須徹底改變傳統的錯誤觀念，建立養兒育女的新思維。本文提出三個基本觀念，供讀者參考。第一是要有能力養育才生小孩；第二是要在小孩依賴期間培養親子情；第三是要在小孩獨立後放手。

現代人必須清楚認知，生命的意義和製造生命的價值與責任。每一個人都要做自己的主人；都要依自己的能力生兒育女。任何人都沒有權利要

求配偶或子女生育小孩。由於嬰兒是在母親的體內孕育,所以女性有絕對的權利決定是否生小孩。如果女性在不得已的情況下懷孕,就有絕對的權利墮胎,法律不得禁止女性墮胎。敢生就要能養育;不能養育就不要生。

在子女需要父母養育的期間,父母必須盡心盡力和無怨無悔的扶養和教育子女,要以愛心和耐心培養子女的親情和親子情。在漫長的養育期間,正值父母需要在事業上衝刺的時候,所以往往無法充分陪伴子女成長。等到自己事業有成之後,子女已經不需要父母的陪伴與教育。因此,父母必須在子女成長期,多挪出一些時間陪伴子女,教育子女。

子女獨立之後,就不需要父母的養育,而必須靠自己的能力,去開創自己的人生。此時,父母必須放手,不必再費力;不必再煩心;不必再干預;不必再期待。子女必須承擔自己的失敗;享有自己的成就。父母不必分擔子女的失敗;不必分享子女的成就。子女不要以父母的成就為傲;父母不要以子女的成就為榮。如果子女繭居在家,不肯獨立,父母必須忍痛將子女趕出家門,不要心存不捨。父母要知道,不忍一時之痛,將會造成終身之痛。

父母不能要求子女孝順或照顧。子女自有子女的人生觀與生活方式,不必依照父母的想法或做法,不必走父母期望的道路。父母在年老體衰之前,必須做好自我照護的準備,不能依賴子女的照顧,否則,就必須尋求社會資源的協助。如果子女樂於孝順或照顧父母,就是父母的福氣,父母必須感恩。

子女在完成學業之後,就必須離開父母,成為一個獨立的個體,不能再依賴父母的保護。父母沒有義務照顧子女一輩子。子女必須靠自己的力量,過自己的生活,走自己的人生。父母的資產屬於父母,不屬於子女。子女沒有權利要求使用父母的資產;父母也沒有義務將自己的資產交給子女使用。法律必須保障父母遺產的分配權,子女無權要求分配父母的遺產。

良好的親子情是長期培養的；惡化的親子情是慢慢累積的。親子關係一旦惡化，就難以恢復。當親子雙方的年齡進入某個階段，惡化的親子情會更加嚴重，甚至會對簿公堂。造成親情不佳有四個主要原因：第一是親子的長期疏離；第二是父母的錯誤教養；第三是子女對親情的錯誤認知；第四是子女的好逸惡勞。

不管是父母的錯，還是子女的錯，過去的錯誤都已經難以挽回。世上的父母都是愛子女的；世上的子女都是愛父母的。只是父母錯誤在先；子女錯誤在後，各有各的立場與苦衷。如果親子之間無法理性溝通，只能由家庭問題諮詢部門或團體介入調解，讓雙方都能承認自己的錯，體認對方的苦；接受合理的建議；重建良好的親子情。

09　　父親與母親

2021/8/9

一般來說，男人是理性的；女人是情性的。男人說理性的話；女人說情性的話。人們總喜歡聽情性的話，不喜歡聽理性的話；總喜歡接近情性的人，不喜歡接近理性的人。

理性讓人思索；情性使人感動。理性幫助人成長；情性溫暖人的心。理性的人不容易被了解，常要忍受孤獨；情性的人容易被了解，也會受歡迎。

父親是理性的人；母親是情性的人。父親擔任保護家庭的角色；母親扮演安慰家人的角色。父親用理性與子女溝通；母親用情性與子女溝通。子女需要父親的強壯；需要母親的溫柔。你不要做一個懦弱的父親；你不要做一個慓悍的母親。

天下的父母大都會愛自己的子女，但是，不是所有的子女都會愛自己的父母。養孩子和愛孩子是父母的責任；孝順和愛父母是子女的意願。父

母不要寄望子女的孝順，也無法強迫子女孝順。父母要懂得，子女不孝順是正常，子女能孝順是幸運。

母親懷胎十月才生下孩子，而且長期悉心照顧，直到孩子長大獨立。所以一般的子女大都比較親近母親，也比較會孝順母親，更會與母親談心事，尤其是女兒。因此，在子女的心中，母親的地位與重要性往往比父親為高。

父親與母親各有不同的特色，對家庭和子女也有不同的功能。儘管母親對子女的影響力較大，父親也是十分重要的存在，尤其是社會地位較高或是經濟能力較好的父親，更是子女引以為傲的對象。在子女的心中，父親是被尊敬的人；母親是被愛的人。

對父親而言，希望子女有成就，更甚於希望子女有愛。對子女而言，用自己的成就去孝順父親，要比用愛去孝順父親，更令父親善悅。如果你問父親，喜歡子女有成就，還是喜歡子女能陪伴，大多數的父親肯定喜歡子女有成就。

對母親來說，子女的愛比子女的成就更重要。母親希望子女能留在自己的身邊，即使沒有成就也沒有關係。對子女來說，用愛去孝順母親，要比用成就去孝順母親，更令母親歡心。如果你問母親，喜歡子女有成就，還是子女能陪伴，大部分的母親一定喜歡子女能陪伴。

每年的母親節，母親會希望子女回家團聚，享受天倫之樂。如果子女能夠送個禮物給母親，更會令母親高興。每年的父親節，父親最希望知道，子女的工作是否順利，有沒有升遷或調薪；子女的事業經營好不好，有沒有賺大錢？

父親與母親是不一樣的人，有著不相同的喜愛。做子女的人應該了解父母的心與感受，要用不同的方式表達自己的愛。如果你能對父親說：爸爸，感謝你全力的栽培，讓我擁有今日的成就，父親一定會深受感動。如果你能對母親說：媽媽，感謝你溫馨的照顧，讓我享有現在的幸福，母親一定會喜極而泣。

10　報恩與孝順

2021/8/10

昨天寫了一篇〈父親與母親〉的文章。有人回饋說：子女的孝順是父母培育出來的，不是憑空而來的幸運。好像子女是否孝順是父母決定的，不是子女決定的。在討論這個議題之前，必須先釐清孝順這個名詞的定義，才能延伸去探討父母與子女之間的關係，以及子女是否應該孝順與如何孝順的問題。

孝順 (filial piety) 意指子女對父母的感恩，尊重，關心，憐憫，幫助或是順從。孝順的基礎是建立在報恩或是報答 (repay the parents) 之心。如果沒有報恩或是報答之心，孝順就沒有意義。因此，要有報恩之心，才有孝順之舉；沒有報恩之心，就沒有孝順之舉。

孝順之舉，除了關心，同情，幫助，尊重，順從之外，帶父母去旅遊或是聚餐，送父母一個小禮物或是對父母說一句感謝的話，都是孝順的言行。凡是能夠讓父母喜悅或引以為榮的事都是孝順。至於是否要順從父母的意見或是要求，則要看父母的意見或要求是否合理。如果不合理，就不必順從。

子女會不會感謝父母的養育之恩，不是父母培育出來的，而是子女領悟出來的。要知道，有些子女是來報恩的；有些子女是來報仇的。即使父母以充分的愛心照顧和培育子女，有些子女還是不領情，甚至還會恩將仇報。有些父母沒有好好養育子女，甚至虐待子女，還是得到子女的報恩與孝順。

父母以相同的心和同等的力培育子女，但是，子女之中，有人會感恩孝順；有人會不理不睬，甚至會忤逆不孝。天下的父母大都愛子女，但是，天下的子女不一定都會愛父母。不要以為父母愛子女，子女就會愛父母；不要以為父母不愛子女，子女就不會愛父母。

父母因為肯定生命的意義與人生的價值，而生育和培育子女，不是因為要子女的報恩或是孝順，而生兒育女。不道德的父母有三種：第一是明知人生痛苦，卻要製造生命的父母；第二是養不起子女，卻要生育的父母；第三是要求子女必須報恩孝順的父母。真正的好父母就是要盡全力培育子女，但不期待子女報恩孝順的父母。

即使父母不期待子女報恩孝順，一般的子女都會報恩，也會孝順。但是，子女的報恩之心與孝順之舉各有差異。有些子女有強烈的報恩之心，也有實際的孝順之舉；有些子女有冷淡的報恩之心與孝順之舉；有些子女則有報恩之心，而無孝順之舉。

子女要如何報恩或孝順，是子女決定的，不是父母決定的。父母必須以平常心看待子女的報恩與孝順，不能強求。如果自己的子女能夠報恩孝順，就是父母的福氣；如果子女不報恩孝順，就是平常之事。父母若以這種心態去面對子女，就不會有失望；就不會有痛苦。

父母可以透過言教和身教，教育子女報恩和孝順，但是，子女不一定會實踐父母的教導。子女在長大獨立後，由於經濟條件和生活環境的差異，而有不同的想法與做法。尤其是在結婚生子，擁有自己的家庭之後，對父母的報恩和孝順常常無法隨心所欲。

對父母的報恩和孝順是我們的傳統道德，對不知感恩和不會孝順的子女，社會總會加以譴責或是制裁。父母也常有養兒防老的心態，期待和要求子女必須報恩和孝順。父母和社會的壓力常逼使子女們不得不放棄自己的理想，甚至必須犧牲自己的生活與人生。

其實，有責任感的父母必須為自己的人生負責，不能把責任推到子女身上。首先，在決定是否生育之時，必須考量自己是否有養育子女的能力。如果沒有充分的把握，就不要輕易生育。其次，必須規劃好自己的老後生活，不能期待子女照顧。最後，不必將財產轉移給子女，要等到過世時，才留下遺產。

父母對子女的責任，就是要好好栽培子女，直到長大獨立。其後，就任由子女自由發揮才能，追求自己的理想人生。不管子女是否報恩或孝順，父母都要為自己而活，不能期待子女，也不能依賴子女。只要父母能夠安排好自己的生活，子女就沒有後顧之憂，就可以全力以赴，追求自己的幸福。如此一來，父母和子女就能過好自己的生活；就能享有自己的人生。

11　母親節

2021/5/9

母親節是母親與子女一起歡度的節日。

如果你是母親，就為自己所做過的貢獻，引以為傲。如果你是子女，就對母親所做過的奉獻，深深感謝。你要做一個驕傲的母親；你要做一個感恩的子女。你不能做一個不負責任的母親；你不能做一個不愛母親的子女。

母親節的意義，不是要送禮物；不是要吃蛋糕；不是要聚餐；不是要送花。這些都是平時可以做的事，不是在一年一度的母親節才要做的事。母親節是要母親對子女說：孩子，有你真好；母親節是要子女對母親說：媽咪，我好愛你。

不管你是跟母親同住，還是在外生活，母親就是你永遠的親人；母親的家就是你永遠的家。在母親節這個日子裏，你要排除萬難，回到母親的家；回到母親的身旁，與母親一起共度佳節。

如果你是子女，也是母親，就要將母親與子女共聚一堂。你不能只接受子女的祝福，而不慶賀自己的母親。如果你有好幾個兄弟姊妹，就要一起與母親共度母親節。你不能因為有其他兄弟姊妹與母親共度而不參

與。如果母親已經不在人世，你就要到母親的墳前，奉上一束鮮花，緬懷母親的養育之恩，感謝母親對你付出的愛。

生母，婆婆和岳母都是母親，都要一視同仁，不能有差別待遇。但是，在同一個日子裏，你該回哪位母親的家呢？你可以回到較少子女回去的那位母親的家。你也可以每隔一年回到不同母親的家。你不應該偏重夫家的母親，也不能偏向自己的母親。

「母親節快樂」是你對母親說的話，不是你對朋友說的話。當你在群組裏寫下，「母親節快樂」時，是否想過那些沒有子女的人以及沒有母親的人的感受？

康乃馨或是萱草花都是用來對母親表達愛與思念的花，不是用來贈送朋友或分送路人的花。你可以用買花的錢，捐款給孤兒院那些沒有母親的孩子。

你要了解母親節的真正意義，並用最有意義的方式表達對母親的愛。不管你多愛自己的母親；不管你多盡孝道，都要在母親節這個日子裏，再說一次：媽媽，我愛你。

母親節是你與母親以及你與子女之間，互相表達愛與感恩的節日。母親節只屬於自己，不屬於別人。在母親節這個充滿愛的節日裏，你必須以實際的行動，表達對母親深深的愛與感謝。

12　　父母的照護

2019/6/6

有一天，年邁的父母突然倒下，需要人照護。子女是把父母送到養護機構？僱用外傭照護？還是親自照護？如果送父母到機構，父母和親友都會指責你的不孝。如果僱用外傭照護，就必須忍受外傭的粗心與欺負。於是，只能從兄弟姊妹中挑出一個人出來照護。

有成就的兒子說：我太忙了，無法照護。住在遠方的兒子說：我離得太遠了，無法照護。出嫁的女兒說：我嫁到夫家，無法照護。兒子的媳婦說：若要我照護，我們就離婚。女兒的女婿說：那是你的父母，幹嘛要我照護。於是，有一個住在家裏，既未結婚又無成就甚至無業的人就成為照護父母的不二人選。

每一天，照護者都要早早起床（年邁的父母總是起得早），開始替父母量血壓，量血糖，量血氧，量體溫，還要關心父母的大小便以及睡眠是否良好。接著，要準備早餐，陪父母吃早餐（或餵食），清洗碗盤。接著，要把衣服送進洗衣槽，然後，外出買菜。回來之後，要晾衣服，準備中餐，陪父母吃中餐，再清洗碗盤。接著，要趁著父母午睡時間打掃屋子，整理家務。父母起床後，要幫父母洗澡，準備點心。接著，開始準備晚餐，陪父母吃晚餐，再清洗碗盤。然後，再幫父母量血壓，量血糖，量血氧，量體溫，量體重，才讓父母上床睡覺。接著，要收衣服，燙衣服，洗澡。好不容易躺下來，父母說要尿尿，就必須起床。父母睡著了，照護者睡不著；照護者睡著了，父母卻吵著要尿尿。一天 24 個小時，照護者得不到片刻的休息或喘息。

每一天，照護者必須思考要給父母吃些什麼食物以及如何烹煮食物。每一天，照護者必須記錄父母身體的變化；定時給父母服用醫生開立的藥物；清理父母的排泄物。每一天照護者必須隨時隨地注意父母的安全，不能讓他跌倒或碰撞，也要時時刻刻注意父母的情緒，不能讓他生氣或失望。如果父母有了癱瘓，就必須用盡全身力攙扶父母起床，大小便和洗澡。照護者如此戰戰兢兢，卻是孤立無援，也得不到任何掌聲。

照護者無法旅遊，無法外食，無法喝個咖啡或看場電影，甚至生病了也無空去看個醫生。照護者最大的精神壓力是每一天要看著父母的健康逐漸惡化；父母的笑容逐漸消失；父母的脾氣逐漸變壞；父母的痛苦逐漸加重，而照護者卻無能為力，只能默默忍受和無助的哭泣。

有一天，父母的病情突然有了變化，照護者就必須送父母去急診，安排住院事宜，接洽醫護人員，簽署看不懂的文件，還要決定用什麼治療方

法。此外，照護者必須陪伴在父母身邊照料，不能有所疏忽，還要忍受父母痛苦的呻吟。晚上，則要睡在狹長的板凳上，隨時應付父母的需要，也要配合醫護人員的處遇。

其他的兄弟姊妹偶爾會回來探望父母。他們會說大話，會說笑話，會說屁話，就是不說一句要照護的話。父母看到有成就的孩子，就是一片窩心；看到可愛的孫子，就是一片歡心。父母還會說一些抱怨照護者的傷心話。總之，不孝子只要做了一件好事，父母就不覺得他的壞；孝順者只要做了一件錯事，父母就不覺得他的好。

有一天，父母離開了，有成就的，住遠方的，嫁出去的兄弟姊妹都會回來分配父母的遺產。他們不會少拿一份，孫子也不會少拿一份，而照護者也不會多拿一份。分完遺產，各自離去，只留下照護者面對父母的遺像低訴：知否？知否？

我要呼籲年邁父母，請別再傷害真心愛你和悉心照護你的子女。我要呼籲兄弟姊妹，請別再霸凌有親情，肯犧牲和無所求的照護者。我要呼籲專家學者請別再倡導孝順倫理，要求子女照護父母。我要呼籲醫療機構，別再只重醫療不重照護，只重年輕人不重老年人。

請增設高級養護機構，讓需要照護的年邁父母有個舒適的照護場所。請天下的年邁父母，能體諒子女的困難，安心在養護機構接受照護。請天下的兄弟姊妹，要改變根深蒂固的孝順觀念，讓父母進住養護機構。願天下的年邁父母都能甘之如飴安享遺年。願天下的兄弟姊妹都能問心無愧盡到孝道。

13　不要用自己的主觀照顧人

2021/10/30

強者照顧弱者；弱者相互照顧，這是人類本性，也是普世價值。父母照顧未成年子女；成年子女照顧年邁父母；老伴互相照顧，這是天經地義的事。

由於強者比弱者有力量，也有道理，所以強者常會以自己的價值觀和處世方法，要求弱者順從。如果弱者不順從，雙方的關係就會惡化，強者就不會再照顧弱者；弱者就不需要強者照顧。

望子成龍，望女成鳳，是天下父母的願望。父母總是希望自己的小孩，要用功讀書，考上理想學校，將來好出人頭地，成大功立大業。因此，父母常常會對小孩施加壓力，要小孩順從父母的意志；要小孩實現父母的理想。小孩若能體會父母的心意，而自己也樂於為之，親子關係就會良好，否則，關係就會破裂。

如果人生沒有絕對正確的路徑，世間就沒有絕對的真理。父母的主觀意識與價值，不一定對小孩有絕對的益處，有時還會對小孩產生不良的影響。因此，父母不能以照顧者的權威，強制小孩遵從其意志與安排。父母要尊重小孩的意思與意見，溫柔地溝通，達成最適的結論。

年邁體弱的父母需要子女的照顧，而且大多數子女都願意照顧。但是，照顧的子女常會以自己的主觀想法與做法，要求父母聽從，有時還會強制父母順從。如果父母願意依子女的要求去做，就不會有問題。如果父母不願意或有抗拒，親子關係就會惡化，甚至不想再照顧或是被照顧。

父母經過長年的努力，自有其牢不可破的人生信念，也有值得仿效的人生觀。人因年老而體衰，不因年老而無價值。做子女的人應該肯定父母的成就，也應該尊重父母的價值觀。當子女的意見與父母的意見分歧或衝突時，必須冷靜以對，好好溝通，不能以照顧者的心態，以自己的主觀意識，強迫父母順從。

夫妻年紀大了，身體弱了，需要彼此照顧。如果有一方比較健康，就必須照顧比較不健康的老伴。如果是年紀差距大的夫妻，較年輕的老伴，就要照顧較年老的老伴。老夫妻由於長年相處，互動模式都已經定型，很難改變。即便老伴需要被照顧，夫妻兩人的互動還是不會改變。有時候，被照顧的人還會兌照顧的人；照顧的人還要順從被照顧者的意志。

夫妻本是同林鳥，有難臨頭要同當。夫妻兩人走到人生的盡頭，需要彼此扶持；相互照顧，也需要彼此尊重；相互體諒。不管過去誰強誰弱，到了這個階段，兩人都要重新調整互動模式，改變過去的想法與做法。老夫妻不能再以自己的主觀相對待，而要尊重對方的心意與心情。

有情才會照顧人；照顧人要用情。所謂情就是無怨無悔的付出，不能得理不饒人；不能以強者的姿態照顧人。如果自己無法尊重人，就不要去照顧人，否則，反會造成被照顧者的困擾與痛苦。不要把照顧人視為無奈的責任，也不要把照顧人當成自己給別人的恩惠。要以歡喜做甘願受的心情去照顧人；要以被照顧者的心去照顧人。

你無法不照顧未成年的子女，你可以不照顧年邁的父母，你也可以不照顧你年長的老伴。如果你心中無情；口無遮攔；做不情願，就請你別去照顧人。你千萬不要一邊照顧人，一邊抱怨人。那樣只會傷了自己，害了別人。如果我需要你的照顧，我會要求你：請你尊重我，不要用你的主觀照顧我。

14　放手父母

2019/12/21

父母的生命是父母的，必須由父母決定。但是，當父母無法決定，而需要你決定時，你是放手，還是不放手？

你的決定造成父母的持續痛苦或天人永隔。你不忍父母的痛苦；你不捨父母的離世，但是，你無法讓父母不痛苦，也無法讓父母不離世。

你是不忍父母的痛苦而決定放手，還是不捨父母的離世而決定不放手？你要選擇父母的痛苦存在，還是不痛苦的不存在？你要選擇自己的短暫折磨，還是永遠的後悔？

你不是上帝，也不是魔鬼，你無法得到一個確切的答案。你必須忍受矛盾的痛苦；你必須做出痛苦的決定；你必須承擔良心的譴責或父母身心的煎熬。

如果你懂得父母的心意，也知道父母的苦與樂，當父母的生命每增加一分鐘，父母的痛苦超過了快樂時，你就必須放手。

你懂得自己的心境，也知道自己的苦與樂。當父母的生命每增加一分鐘，你的痛苦超過了快樂時，你就必須放手。

當你做了決定，就必須果敢放手，不要悲傷，也不要自譴。你讓父母停止痛苦，也讓自己停止痛苦。父母會懂得你的孝心；你必須心安理得的放手。

你決定放手或不放手都不是你的錯。你放手是因為你夠理性；你不放手是因為你太情性。你必須用情性去對待父母的生；你必須用理性去處理父母的死。

如果你是為人父母者，且走到了生命的盡頭，你必須明確告訴你的子女，你是要痛苦的活，還是不痛苦的死。你必須為自己的生與死負全責。

不是人人都能快樂的活；不是人人都會痛苦的死。我們要珍惜活的快樂；我們要放手死的痛苦。該是放手的時候，就請勇敢的放開你的雙手。

第五篇　愛的絮語：
女人的觀點

01　女男平等

2020/11/14

女人與男人是站在對等與平等的基礎上，相愛相許，共存共榮。

女人不要想佔男人的便宜，也不要讓男人佔自己的便宜。女人不要同情男人，也不要被男人同情。

你若有委屈，不是男人欺負你，而是你踐踏自己。天下沒有負心的男人，只有脆弱的女人。

02　以女人為榮

2020/11/14

身為一個女人，這不是你的選擇，也不是父母的選擇，而是上帝的安排。你要為上帝的恩賜而榮耀，不能為自己的命運而悲嘆。

03　女人要做好自己

2020/11/14

女人不是強者，也不是弱者。但是，你可以使自己成為強者，也可以使自己成為弱者。你不必以強者的姿態，要求男人屈服；不必以弱者的姿態，要求男人同情。

你必須做好自己；愛護自己；改變自己；創造自己。你不必爭平等；不必爭保障；不必爭女權；不必爭福利。

04　　女人屬於自己

2020/11/4

你不屬於別人；別人也不屬於你。你永遠屬於你自己；別人永遠屬於他自己。

你要離開這個人，不是你不再屬於這個人，而是你要成為一個更好的自己。

他要離開你，不是他不再屬於你，而是他要成為一個更好的自己。

05　　女人要獨立

2020/11/14

女人必須具備一技之長；必須參與勞動市場；必須擁有自己的興趣；必須獨立自主；必須靠著自己的力量，追求自己的幸福。

老公是用來增進你的幸福，不是用來助長你的不幸。子女是用來增加你的樂趣，不是用來添增你的痛苦。

你可以付出你的心力，不能犧牲你的幸福。

06　　女人要勇於愛人

2020/11/14

做為一個女人，你必須懂得愛情的真諦；必須學會追求和享受愛情。你要懂得自己喜愛什麼樣的男人；要勇於追求自己喜愛的男人；要敢於放手不愛的男人。

你不要因愛人而感羞怯；不可因被愛而去愛人。你要大膽愛己所愛；要勇敢放手自己的不愛。你不必在乎別人是否愛你；不必在乎是否傷害別人。

07　愛情與婚姻

2021/3/28

愛情在談心與談性；婚姻在談家庭與生活。你若不懂愛情，就不要去戀愛；你若不懂婚姻，就不要去結婚。

愛情是相愛；婚姻是相處。愛情是兩人的個別生活；婚姻是兩人的共同生活。你若想共同生活，就不要去戀愛；你若想單獨生活，就不要去結婚。

相愛容易，相處難。能夠相愛，不一定能夠相處；能夠相處，不一定能夠相愛。愛情與婚姻本是兩回事，你務必分辨清楚，千萬不要混淆，否則，將會失去愛情；將會失去婚姻。

08　愛與情

2021/10/11

愛是激情，不是冷淡，若無激情，就不再有愛。愛是快樂，不是痛苦，若有痛苦，就不是真愛。愛的方式因人而異，沒有追愛的守則，也不需戀愛的技巧。

愛只有結束，沒有結局。婚姻不是愛的結局，而是情的開始。情是承諾，也是承受，承諾情的陪伴；承受情的折磨。情是人生中寶貴的折磨，是一種牽絆，也是一種負擔。

愛在追求快樂；情在追求幸福。愛是享受；情是付出。愛與情是不同的世界，你不要在愛中尋找情；不要在情中尋求愛。

10　愛情

2021/7/19

愛情是心靈的感動與肉體的激情。沒有感動與激情，愛情就不存在。

愛情是生命的火花。沒有愛情，生命就會枯萎。

在愛情的世界裏，雙方藉由溝通與互動，彼此學習，相互成長。

愛情是在尋求彼此的認同，創造共同的價值。

你要以真實的自己面對愛情，不要用虛假的自己追求愛情。

11　談心談性

2020/12/17

愛不是你對他多溫柔，或是他對你有多體貼，而是你倆之間，是否能彼此談心和談性。

你不會因他的體貼，而認為他對你有愛；他也不會因你的溫柔，而認為你對他有愛。

如果無法談心和談性，再多的溫柔和體貼，都是白費力氣。

12　　愛人與被愛

2021/10/24

你愛人，因為你有意義；你被愛，因為你有價值。當別人對你心碎，不再愛你時，你就必須默默離開，不多說一句話。

愛與情是人生的兩件大事。如果愛在苦中；情在淚中，人生就沒有意義。如果你認為，世間根本沒有真愛與真情，只有亮麗的空殼，那麼，你就會徒留孤獨。

當你把所有的愛與情全部清除，就不再有世間的罣礙，就可以安然離開。

13　　愛己所愛

2020/11/14

你要愛自己所愛的人；不要愛自己不愛的人。你要把愛掌握在自己的心中；不要把愛交給別人的手中。

你甩不開不愛的人，是因為捨不得，不是依然有愛。

14　　愛是自己決定的

2020/12/30

人有愛人的需求，也有被愛的需求；有表白的需求，也有被接納的需求；有付出的需求，也有被回饋的需求。但是，你無法要求別人愛你，接納你或是回饋你。你只能依自己的意願，決定是否要愛人；是否要表白；是否要付出。

你可以決定多愛人，少愛人或不愛人。你可以決定多表白；少表白或不表白。你可以決定多付出，少付出或不付出。你一旦決定要愛人，要表白，要付出，就要心甘情願，不要抱怨。

不如意的事十之八九；人情人情在人情願。你要學習忍受不如意的事；要學習看淡無人情的事。如果別人不想讓你為他而活，你就要為自己而活。

15　愛是絕對的自由

2020/12/10

愛是天生的需要，不是道德的承諾，也不是法律的約定。愛是絕對的自由，有愛即合，無愛即分；沒有背叛，也沒有虧欠。愛是相互的贈與，雙方都是利得者，沒有受害者。

你不能要求愛的保證；不能要求愛的責任；不能要求愛的補償。你不能譴責對方的無情；不能報復對方的背叛。你必須認清愛的本質，不能扭曲愛的原理。你必須愛在當下；必須享受當下的愛。你必須放棄你不愛的人；必須放手不愛你的人。

16　愛情與金錢

202012/10

愛情是在談心，談性，不談錢。金錢交易是買賣，不是戀愛。愛一旦涉及金錢，就沒有了愛。

女人不能要男人用金錢表示愛；男人也不能用金錢表示愛。你可以有一個有錢且肯為你花錢的男友；你不能要求男友要有錢且肯為你花錢。

如果你帶著金錢的觀念去談戀愛，肯定不懂愛；一定得不到愛。

17　珍惜自己的愛

2020/11/20

愛有深有淺；有強有弱；有長有短。

你只能知道自己的愛，無法知道他人的愛。你只能知道自己的愛有多深、有多強；無法知道他人的愛有多深、有多強。

你的深愛可能碰上他的淺愛；你的淺愛可能碰上他的深愛。你的深愛和他的深愛就是愛；你的深愛和他的淺愛也是愛；你的淺愛和他的深愛也是愛。

你以為你倆在相愛，卻不知道他愛你有多深、有多強。有一天，當你發現，你的愛比他淺，就會心煩；當你發現，你的愛比他深，就會心碎。

當你愛了，別人可能不愛；當別人愛了，你可能不愛。你只要在意自己的愛，不必在乎別人的愛；只要珍惜自己的愛，不要期待別人的愛。

18　婚姻的城堡

2021/1/18

婚姻像一座城堡，有人要進城；有人要出城。城裏的人想出城；城外的人想進城。你要進了城，才知道城裏的好與壞，樂與苦。

一旦進了城，你就會失去自由；就要生兒育女；就要忍辱負重；就要同甘共苦；就要不離不棄。

有人會在城堡裏悠哉生活；有人會在城堡裏無奈度日；有人會在城堡裏痛苦欲絕。

你要認清婚姻的本質；你要懂得城堡的規則；你要抓住伴侶的心靈。

你不能在城堡裏築起無形的隔牆；你不能把自己囚禁在隔牆之內；你不能在隔牆內自怨自艾。

你要把城堡塑造成一個樂園；你不要把城堡建造成一座監獄。

19　　配偶權

2020/12/9

配偶不是你的擁有物。你可以愛，可以不愛，但是，不能擁有對方。為了擁有對方，就會被傷害。你可以擁有任何財物，就是不能擁有人，也不能被擁有。

配偶權是家庭經營的權利義務，不是相互擁有的權利義務。夫妻應享有絕對的人身自由權，包括生育權，隱私權，性自主權以及人身安全權。夫妻關係不能有監控，限制，控制，強制或暴力等行為。

夫妻是合夥的伙伴關係，只要一方提出拆夥的要求即可離婚，不應受法律的約束。離婚是夫妻兩人的事，不是國家法律的事。國家不能介入家庭的經營，也不能干預夫婦的離婚。

20　　夫妻的世界

2021/12/13

夫妻之間有三個世界：大門外的理性世界；大門內的情性世界；閨房裏的感性世界。

不管是男人還是女人，一旦結了婚，就必須出得了門房；進得了廳堂；上得了臥床。

21　　夫妻相處

2020//12/9

夫妻是要共同生活的，不是要談情說愛的。夫妻是要相互付出的，不是不必付出的。夫妻是要相互容忍的，不是不必容忍的。夫妻是要相互負責的，不是不必負責的。夫妻是要相互照顧的，不是不必照顧的。

你若敢結婚，就要有覺悟，就要承擔夫妻相處的責任。

22　　夫妻關係 I

2020/11/17

老婆要成為老公的小天使，不要成為老公的小魔女；老公要成為老婆的大英雄，不要成為老婆的大魔頭。

不要讓孩子成為夫妻的絆腳石（障礙）；不要讓孩子成為夫妻的擋箭牌（藉口）。夫妻要無話不說，不能有話不說，更不可無話可說。

當你跟老公說話有壓力時；當你跟孩子說話比跟老公說話更輕鬆時，你對老公的愛就冷淡了。

23　　夫妻關係 II

2020/12/9

在夫妻關係中，千萬別讓沉默踏出錯誤的第一步。一次的沉默會引來多次的沉默；多次的沉默會引來無數的無奈；無數的無奈會引來絕望的心死。

在夫妻關係中，多話比少話好；少話比無話好。你必須學會溝通的技巧；必須不吝你的話語。你不能不溝通；不能沉默不語。

24　相互認同

2020/11/17

你不是最好的老婆，也不是最壞的老婆，而是不壞的老婆。他不是最好的老公，也不是最壞的老公，而是不壞的老公。你有你的優點，也有你的缺點。他有他的優點，也有他的缺點。

你要珍惜他的優點，也要包容他的缺點。他要珍惜你的優點，也要包容你的缺點。

你不能忽視他的優點，挑剔他的缺點。他不能忽視你的優點，挑剔你的缺點。

你倆若要維護一個和諧美滿的家庭，就必須認同對方的優點，承認自己的缺點。

25　好伴侶

2020/12/2

不管是情人還是夫妻，只要能快樂在一起的人，就是好伴侶。

你要以快樂的心談心事和談性事，去升溫你的男女愛；你要以快樂的心談家務和談家人，去提升你的夫妻情。

當你不再把老公當男人；當你不再視老婆為女人，夫妻之間，就已經沒有了男女愛。

當夫妻不再把家庭當歸宿；不再視家人為骨肉，夫妻之間，就已經沒有了夫妻情。

26 好老公

2029/12/2

有能力但不挑剔的老公，要比有能力但會挑剔的老公好。有能力但會挑剔的老公，要比無能力也不挑剔的老公好。無能力也不挑剔的老公，要比無能力又會挑剔的老公好。

如果你碰上一位無能力又會挑剔的老公，就要有離婚的覺悟與打算。

27 享有與擁有

2020/10/8

你因享有而快樂，不是因擁有而快樂。你是因享有伴侶而快樂，不是因擁有伴侶而快樂。

幸福是自己評定的，不是別人造就的。你是因為享有生活的樂趣而感幸福，不是因為擁有出色的伴侶而感幸福。

你的快樂與幸福都是自己造就的，不是別人給予的。只要你有堅強的正向思想，不管是在什麼樣的環境；不管遇到什麼樣的困難，你都會感到快樂與幸福。

28　　把生命融入生活

2020/10/5

有人存在你的生活裏；有人存在你的生命中。你常會忽略存在你生活裏的人；常會珍惜存在你生命中的人。你常會抱怨存在你生活裏的人；常會懷念存在你生命中的人。你常會記不得存在你生活裏的人；常會忘不了存在你生命中的人。

存在你生活裏的人讓你幸福；存在你生命中的人讓你快樂。你若能將生命融入生活裏，就可以獲得幸福與快樂。

29　　賢妻良母

2020/11/14

你是賢妻，不是配偶的奴隸。你是良母，不是子女的僕人。你要有自信當個賢妻良母。

你不能因養兒育女，而放棄工作；不能因家庭勞務，而累垮自己。

你是公婆的好媳婦，不是公婆的看護工。你要孝順公婆；不必因照護公婆，而犧牲自己。

你要好好珍惜自己的人生，要緊緊抓住自己的幸福。你要做好自己，不要做別人的附庸。

30　人與心

2021/1/20

你可以得到他的人，也得到他的心。你可以得到他的人，沒有得到他的心。你可以得到他的心，沒有得到他的人。

如果沒有得到他的人，也沒有得到他的心，你就必須義無反顧地的放棄。

31　被搶走的人

2020/11/14

會被搶走的男友，不是你真正的男友；會被搶走的老公，不是你真正的老公。

你要放手被搶走的男友；你要放手被搶走的老公。

第六篇　愛的詩篇

01 詩與詩人
2021/5/31

詩是淬煉的散文；是精緻的文學。詩要有哲理，也要有感情。詩要言簡意賅；詩要有音韻之美；詩要讓人一目了然。詩不能艱澀難懂；詩不能雜零亂排列；詩不能沒有押韻。詩要有思想，才有生命；才有價值。詩要讓人讀懂詩的意義；要讓人理解詩的意境；要讓人享有詩的感動。

詩人要活在現實的世界；詩人要有核心的思想；要與讀者共賞。詩人不能活在虛擬的世界；不能孤芳自賞。詩人必須走進凡人的世界，不能在同溫層取暖。

詩是思想的歌詞，不僅要有音樂的感動，也要有思想的薰陶。欣賞詩時，要與詩一起思索、一起感動、一起漫遊。詩、詩人與讀者要三心一體，不能切割。詩人要會為讀者寫詩；讀者要體會詩人的心意。

我以為獨自的方式寫詩。在我的詩中，我揭露自己的故事，自己的感受，自己的感情與自己的心境。我以簡潔的文字表達複雜的情感；用固定的格式撰寫詩文：用音韻之美朗讀詩文。我的詩強調理性之美。我要讓讀者在理性中，分享我的感情世界。

我的詩其實只是有音韻的短文。人人都讀得懂；人人都能欣賞。你不需要有文學的素養，也不需要有詩作的訓練。你只要開口朗讀我的詩，就能感受它的美。

我不是詩人，但是，我用自己的方式寫詩。對詩人而言，我的詩或許不是詩，但是，我用自己的定義認定自己的詩。讀者或許不認同我的詩，但是，我要告訴讀者，可以試著欣賞我的詩。是詩不是詩，各有各的看法。只要我認為自己的詩是詩；只要讀者認為我的詩是詩，我的詩就是詩。

我的詩至少有思想；至少好理解；至少能順口。讀我的詩，不必分析我的文；不必猜測我的意；不必幻想我的美。

我的詩就是我的思想；我的詩就是我的人生雋語。你若願意讓我的詩映入你的眼簾，進入你的心中，與你一起沉思，共同分享，你就能懂得我的心，分享我的情。

02　你是我的光
2022/7/19

你是如此溫柔
彷彿春天的微風在清晨呼喚我
像是閃爍的星光在夜間撫慰我
你永遠都在我的身邊

你是如此堅強
恰似太陽孕育我的生命
好像甘泉豐沛我的心田
你永遠都在保護著我

當你不在我的身邊
當你不再保護著我
鳥兒就不在窗前歌唱
花兒就不在庭園綻放

請告訴我為什麼
你要離我而遠去
是否你誤解什麼
是否我錯過什麼

你是我生命的光
你是我快樂的泉
你是我依靠的山
你是我唯一的愛

祇有你的愛能讓我堅強
祇有你的愛能讓我璀璨
你是我生命的光
是你的光照亮了我的人生

03 想你
2022/7/19

這是炎熱的夏天
不是想你的季節
為什麼會在此時
再度深深的想你

想你在早晨的公園
想你在吵雜的路上
想你在街角的餐館
想你在靜謐的夜晚

想你是否依然迷惘
想你是否依然無助
想你是否依舊有夢
想你是否依舊有愛我

想牽你的手走遍世界
想一起塑造美麗人生
想擁你入眠直到天亮
想形影相隨直到永遠

你已經遠離我的視線
在一個我陌生的地方
我已經無法再見到你
只能在心中深深想你

或許我是愛做夢的人
或許我是在追求虛幻
但是，我對你的愛
是千真萬確的真實

希望有一天能再相見
讓我真心的告訴你
不管你還愛不愛我
你是我唯一的至愛

04　總是掛念
2022/7/19

在相見的日子裏
總是掛念
話語是否投契
心靈是否連繫

在不見的日子裏
總是掛念
工作是否順利
生活是否滿意

在分離的日子裏
總是掛念
愛情是否依舊
婚姻是否美滿

如果真心相愛
總會時時掛念
希望對方的好
祈求對方的福

05 愛之幻

2020/11/8

在夢中
我像一隻翩翩的彩蝶
你像一朵盛開的花蕊
我們在清幽的山谷相遇

我為你傳送花粉
你為我提供花蜜
我訴說我的理想
你訴說你的夢想

訴不盡的話語
唱不完的歌曲
你和我陶醉在
兩個人的世界

我的激情如火
你的柔情似水
火水交融的歡愉
融入彼此的身體

我是你孤獨靈魂的伴侶
你是我現實生活的慰藉
我們將生命緊綁在一起
在時光隧道中享受生活

不知是真還是假
是幻覺還是現實
我只要今夜的溫柔
我只要此刻的溫存

06　我心似海浪
2020/11/10

我的心似大海的波波海浪
日夜不停地訴說我的心聲
有時我會水平如鏡喃喃自語
有時我會波濤洶湧大聲吶喊

我要向你傾訴人生的哲理
我要向你揭露人生的雋語
我盼望你關愛的眼神
我期待你熱情的回饋

在你孤獨時我會陪伴你
在你脆弱時我會鼓舞你
在你失意時我會安慰你
在你得意時我會警告你

我不是照亮黑暗的明燈
我不是指引方向的力量
我只是給你思索的參考
我只是給你分享的樂趣

你有你自己的人生道路
你有你自己的人生方向
你要尋找你自己的光亮
你要追求你自己的幸福

在自己的人生旅途上
你要堅持自己的信念
你要面對自己的挑戰
無人能阻擋你的去路

總有一天海浪會消失
我將無法再繼續衝刺
那個時候你不要忘記
我曾經對你說過的話

07 讀我（改自梁弘志的《讀你》）
2020/11/6

如果我是你的詩篇
讀我千遍也不厭倦
如果我是你的愛戀
讀我千遍也不放棄

我的詩篇有人生的哲理
我的詩篇有美麗的字句
我的詩篇有浪漫的情感
我的詩篇有真實的回憶

你的喜悅深鎖在眉目之間
你的接納展露在唇齒之間
你的支持表現在舉止之間
你的愛戀離不開我的視線

在這深秋的季節裏
靜靜閱讀我的詩篇
讀我千遍也不厭倦
讀我千遍也不放棄

08 曾經

2019/11/24

曾經想過成為知己
曾經想過分享思想
曾經想過一起做夢
曾經想過美夢成真

曾經遇過多少個無感
曾經遇過多少個冷感
曾經遇過多少個反感
深深地刺痛我的美感

曾經給過多少個挑戰
曾經給過多少個呼喚
曾經給過多少個盼望
默默地細數我的失落

夢終於醒了
心終於碎了
視線模糊了
曾經不再了

09　美酒
2020/6/17

今夜，輾轉難眠
客廳，有微弱的燈光，美妙的音樂
從酒櫃中取出一瓶紅酒
從櫥櫃中取出一個酒杯
我渴望有一個浪漫的夜晚

輕輕卸下緊密的瓶蓋
一聲溫柔的聲響
一陣撲鼻的清香
恰似她的嬌聲
恰似她的體香

在杯中倒入第一杯的美酒
且將第一次的接觸置留口中
讓滿口的醇香隨呼吸飄逸
彷彿是第一次的擁抱
彷彿是第一次的陶醉

不自覺將酒杯倒滿美酒
紅色的液體緩緩地流入我的肉體
冰涼的液體緩緩地侵入我的細胞
酒液和血液終於融為一體
我體中有她；她體中有我

把酒杯高高舉起
讓美酒在杯中盪漾
像在訴說過去的故事
對我如醉如痴地傾訴
訴不完的哀怨；數不盡的期待

一口口的美酒
一句句的叮嚀
如夢，如她，如我
我醉了，卻不想酒醒
我睡了，卻不想夢醒

10　午後的咖啡館
2019/12/7

午後。在咖啡館的一角
有我有你有古典的音樂
兩塊甜甜的巧克力蛋糕
兩杯苦苦的義大利咖啡

你優雅的坐姿一如往常
看蛋糕在你的口中融化
看咖啡在你的喉中流過
看藏在你微笑中的情愁

我用無奈的眼睛凝視你
我用頻頻的點頭安慰你
我用手掌緊握你的小手
我用沉默訴說千言萬語

我們眼中有彼此的你我
我懂你的心你懂我的意
我們一起回憶走過的路
我們沉醉在無言的世界

不抱怨命運的刻意安排
沒有任何的遺憾或遺恨
我們感謝年輕的你和我
我們感謝這段美麗人生

如果時光能夠倒流
我還是想回到從前
讓我用生命陪伴你
讓你不再為我淚流

11　他的笑容

2021/4/30

天空的彩虹不是為你畫作
春天的微風不是為你吹拂
黯夜的星星不是為你閃爍
他的笑容也不是為你快樂

在每一個天空依然有彩虹
在每一個春天依然有微風
在每一個黯夜依然有星星
在每一個日子依然有笑容

如果你真的愛上他的笑容
就將他的風采收藏在心底
你不必擁有，也無需放手
你只要知足每瞬間的感動

你要記住一起唱過的歌
你要記住一起讀過的書
你要記住一起走過的路
這些都足夠你天天品嚐

若有一天，他突然消失
無人可以找到他的蹤跡
你會再度想起他的笑容
你會忍受笑著哭的心痛

12　夜空
2020/11/18

遙望著今晚的夜空
有一輪皎潔的明月
有無數閃爍的星星
我不禁再度想起他

想他自信的臉龐
想他深情的眼神
想他犀利的話語
想他流暢的文采

曾經口服心服的認同
曾經無怨無悔的付出
曾經無可救藥的愛戀
曾經充滿幸福的幻想

一次又一次的心痛
一次又一次的心碎
我終於從夢中醒來
夢中的美景已成空

明知不能愛卻要愛
明知美夢終會消逝
卻要追求虛空的夢
這可是女人的宿命

我陷入痛苦的深淵
我只能以忙碌過日
我只能用酒精麻醉
要早日忘掉這情傷

日復一日，年復一年
不知不覺過了好幾年
我終於走出了陰霾
我逐漸忘掉這個人

是今晚的夜空
勾起我的回憶
想起過去的他
想起過去的我

想知道他是否安好
想知道他是否變老
想念之情如走馬燈
不停地迴蕩在眼前

月兒請你幫我捎個信
告訴他，我仍在想他
告訴他，我依然愛他
期待有一天能再相會

13　重逢

2020/12/8

曾經深深地受過傷害
留下無法復原的傷痕
不再相信世間有真愛
愛情終究只一場夢幻

那一天偶然的重逢
卻讓我的城堡崩潰
擋不住那充滿智慧的話語
躲不過那熱情如火的眼神

再度投入他的懷抱
想重溫往日的情懷
想重拾舊日的美夢
想忘記過去的情愁

突然胸口傳來一陣陣遽痛
眼眶流出兩行委屈的淚水
無法再有溫柔的心語
無法再有熱情的回應

燃起的火花熄滅了
愛情的心靈冰冷了
我急於逃離這困境
不說句道別的話語

在深夜的台北捷運上
在愛恨交織的時光裏
回想剛剛發生的往事
似真，似夢，似電影

遠處的家亮著燈光
彷彿在催促我回去
我抖落滿腦的雜念
大步地朝向家走去

14　高雄。我遺落的愛
2020/8/13

有人形容高雄
是美麗的港都
是哀愁的城市
是留戀的地方

有人批評高雄
有空氣的污染
有政治的口水
有意識的衝突

帶著滿懷的疑惑
我再度來到高雄
想驗證事實的真相
想尋回昔日的美夢

1979 年的夏天
我來到這個陌生的城市
1980 年的冬天
我悄悄地離開這個城市

在這裏，有過夢
在這裏，有過愛
在這裏，有過愁
有過難忘的回憶

我走遍大街與小巷
想找回青春的自己
想找回從前的街景
想找回過去的故事

再走一次五福路的 AIT
再走一次三多路的住處
再走一次西子灣的海邊
再走一次六合路的夜市

我終於發現了
高雄依然美麗
高雄依然善良
高雄依然有愛

在相同小酒館
我回到了從前
我重逢了伊人
我重溫了舊夢

我遺落一個愛在高雄
我無法帶走遺落的愛
我揮揮手道別高雄
我將心封鎖在高雄

15 知本溫泉
2020/9/21

知本的溫泉
清澈如你的純真
滑潤如你的肌膚
暖和如你的溫柔

我以原生的身體
與泉水融為一體
讓它滲進我的體內
點燃我的生命之火

露天的風呂溫泉
有藍天，深谷與山林
共構一幅美麗的畫面
畫中有我也有你

今夜細雨濛濛
帶來一陣陣思念的風
沉浸在知本的溫泉裏
想你

16 重遊花蓮
2020/11/25

重遊花蓮幽靜小鎮
走過臺 9 線的縱谷
走過臺 11 線的海岸
看盡後山的點與滴

一樣的蔚藍天空
一樣的碧白海洋
一樣的翠綠山巒
只有不同的心情

再度踏進富源森林公園
再度勾起我多年的回憶
這裏曾經留過我們的足跡
這裏曾經有過我們的嬉戲

可還記得這裏的夢幻公園
可還記得展覽館中的蝴蝶
可還記得瀑布下游的溪谷
可還記得溪上的富源吊橋

仿佛是少女時代的故事
似乎是遙遠從前的記憶
期待能再一次一起出遊
一起找回那失去的青春

好想再一起共享樂趣
好想再一起共築美夢
想再看你燦爛的笑容
想再聽你美妙的歌聲

雖然時光無法倒流
回憶可以帶回從前
我們依然可以重溫舊夢
我們依舊可以重拾歡笑

17　迎曦灣
2020/9/24

在迎曦灣的海邊
我化作一隻飛鳥
飛越浩瀚的大海
回到從前的自己

五十年前的青年
滿懷著雄心大志
在太平洋的彼端
辛苦奮鬥與學習

八年的歲月如梭
返回自己的家鄉
人事景物都陌生
父親也已不在世

在四十年的過程
終於穩定了生活
建立幸福的家庭
享受人生的美麗

有時會驀然回首
憶起年輕時的愛
重溫青春期的夢
有些悵然與失落

或許是命運安排
或許是大海阻隔
或許是現實所逼
或許是年少輕狂

沒有一句道別話
沒有一封分手信
就悄悄地斷了訊
就從此不再相見

她的倩影與容貌
依稀在我腦海裏
偶爾在午夜夢回
若隱若現的迴盪

想知道她在何處
想知道她的現況
她是否幸福美滿
她是否兒孫滿堂

今生此世已無緣
期待來世再相見
我再度展翅高飛
飛回迎曦灣岸邊

夜暮低垂海風起
白浪猛向海岸衝
催我走回安歇處
結束這趟旅遊行

18　我只要今夜的溫柔
2021/7/19

在同一個時間
在同一個地方
我們相知相愛
我們彼此奉獻

你曾經對我說
你會永遠愛我
你不會離開我
會陪我到年老

你現在告訴我
一切都已結束
你必須離開我
你不能陪伴我

你是我一生的最愛
我不能沒有你的愛
不能沒有你的日子
沒有你我無法存活

請你回到我的身旁
讓我再擁抱你的愛
讓我們再一起築夢
一起將美夢變成真

今夜是我僅有的時間
請你走進我的夢境來
請你假裝依然愛著我
陪伴我直到黎明來臨

我不要明日的曦陽
我不要未來的世界
我只要今夜的溫柔
我只要此刻的溫存

19　黃昏之戀
2019/10/20

我邂逅她在黃昏的海邊
她對我微笑，向我招手
她悄悄靜坐到我的身旁
開始訴說她過去的故事

她將第一次的愛獻給一個人
卻換來一個殘酷的結局
她飽受世人的譴責與訕笑
她從此不再相信世上有真愛

她只想要一個遮風避雨的家
她無奈地嫁給一個不愛的人
她假裝自己是個幸福的女人
她不再渴望愛與被愛的滋味

沒有職場，只有家庭
沒有知友，只有家人
沒有愛情，只有親情
沒有快樂，只有應付

在一個獨自一人的雨夜
她凝視街燈的雨絲
她聆聽窗外的雨聲
她憶起青春的時光

突然一個熟悉的臉龐映入眼簾
她不禁輕喚曾被遺忘的名字
他依然如此帥氣，如此風趣
她依舊那麼年輕，那麼美麗

那些一起高談潤論的日子
那些一起漫步街頭的日子
那些一起依偎看海的日子
那些一起追尋夢想的日子

三十年前的愛情往事
宛如浪漫的電影情節
一幕幕地在眼前迴盪
她儼然回到少女時代

雨停。夢醒。人不見
甜蜜的回憶卻揮之不去
想著未來的日子還很漫長
猛然萌生再愛一次的渴望

那一天在海邊相遇
似曾相識，似曾愛過
我們彷彿回到從前
我們像似重溫舊夢

我們有相似的經驗
我們有相似的處境
我們有相似的心境
我們有相似的夢境

我從她的眼中看到女人的真愛
她從我的眼中看到男人的真愛
我們終於點燃愛的火花
我們終於墜入愛的情網

我們再一度找到愛情的真諦
我們再一度找到青春的活力
我們再一度找到生活的樂趣
我們再一度找到人生的希望

我們想要一起分享思想
我們想要一起遨遊四海
我們想要一起逍遙過日
我們想要一起陪伴到老

我們彼此激勵
我們審慎規劃
我們付諸行動
我們要美夢成真

當我們返回各自的世界
伴侶冷嘲熱諷地攻擊
子女義正嚴詞地反對
親友苦口婆心地相勸

如果我們要堅持理想
就必須承受背叛婚姻的罵名
就必須承受傷害道德的惡名
就必須承受違反法律的罪名

如果我們要順從命運
就必須放棄最後一次的愛情
就必須放棄苦心策劃的願景
就必須放棄幸福快樂的人生

太多的情債，太重的壓力
太多的猶豫，太重的掙扎
一次又一次的肯定
一次又一次的否定

沒有指責對方的懦弱
沒有抱怨家人的冷漠
沒有怪罪社會的封閉
只有默默地順從命運

我們相約在相同的海邊
陣陣的海浪帶來過去的回憶
聲聲的鳥啼引來離別的惆悵
落日的餘輝催促時間的到來

我們互贈禮物作為留念
我們互相發誓永不忘記
我們彼此祝福一切順利
我們彼此約定來世再見

她起身走向海的那一邊
她不捨地頻頻回頭望我
她的身影逐漸縮小，逐漸模糊
終於消失在黃昏的海平面上

我們的故事已經結束
我們的未來即將開始
我們將面對嚴苛考驗
我們將面臨無愛餘生

黃昏之戀雖然短暫，卻是甜蜜
雖然無法擁有，卻已充分享有
雖然無法再聚，卻能夢中相見
雖然美夢成空，卻已化作永恆

夕陽西沉，夜幕低垂
黃昏之戀就此落幕
帶著眷戀與惶恐
我默默踏上歸途

20　無法再見的愛
2019/12/5

曾經激情愛過
曾經海誓山盟
如今海天分隔
如今無法相見

見不到你的倩影
聽不到你的歌聲
讀不到你的訊息
查不到你的居所

我只能用記憶回想過去的你
我只能用心意想像現在的你
我只能在獨自沉思的時候想你
我只能在午夜夢迴的時候見你

好想知道你在忙些什麼
好想知道你在想些什麼
好想知道你是否幸福
好想知道你是否想我

偶爾開啟回憶之鎖
偶爾泅入時光之河
你的倩影忽現忽隱
你的倩影忽近忽遠

忘不了你的眼眸
忘不了你的肌膚
忘不了你的體香
我不想停止對你的思念

雖然你看不到我的惆悵
雖然你聽不見我的呼喚
我仍有千言萬語要吐露
我仍有無限思念要傾訴

願做一隻彩蝶
與你共舞愛的組曲
願做一陣春風
輕吻你羞怯的櫻唇

雖然時光不能倒流
雖然你已不能自己
我仍想再見你一次
我仍想再愛你一次

結束而不想結束的愛
無法再見卻想再見的愛
只能化作一縷輕煙
消失在相思的夜空

21 大海
2021/4/21

我心似大海的波浪
要向你傾訴我的愛
如果你依然還有愛
請來加路蘭的海邊
傾聽我對你的呼喚

如果你已不再留戀
不再傾聽我的呼喚
就讓大海帶走一切
流向那遙遠的海洋

大海的波浪聲依舊
海邊的人潮已散去
你仍未出現在眼前
我的心卻已被挖空

22　雲雨
2020/11/18

你是天空裏的一朵雲
曾經蕩漾在我的心海
如此光彩；如此美麗

天空突然響起一陣雷光
將朵朵的彩雲變成烏雲
密佈的烏雲下起了細雨

雨水是你的淚水
雨聲是你的哭泣
在訴說你的委屈

天空的雨愈下愈大
雨珠打在我的身上
雨滴滲入我的心裏

我對你大聲吶喊
要表達我的歉疚
要懇求你的原諒

雨終於停住了
天空恢復晴朗
雲彩重新聚集

我尋尋覓覓再尋覓
找不到你的那朵雲
看不到雲彩中的你

你是否依舊是那一朵雲
你是否依舊是那麼光彩
你是否依舊是想我念我

我願化作一隻飛鳥
展翅將你緊緊摟住
不讓雷電再作弄你

希望天空不再下雨
希望雲彩不再消失
希望你不會再流淚

23　我‧你‧他

2020/3/30

我在夢中與你相會
你的身旁有個男人
他默默凝視我和你
像在監視著我和你

我只要兩個人的世界
我不要其他人的干擾
我不要他在身旁
我不要他的存在

我振振有詞述說我的道理
你心悅誠服接納我的道理
神或許也會認同我的道理
只有這社會排拒我的道理

在夢中
我和你互訴真愛
我和你相互安慰
我和你彼此擁抱

他突然開口說話
說我倆背叛道德
說我倆違背法律
他強迫我倆分離

我極力批判他的說詞
說他的道德沒有人性
說他的法律不近人情
我要堅持自己的真愛

他的憤怒到了極點
我的耐度達到高峰
我緊握自己的拳頭
狠向他的胸部擊去

他終於不支倒地
突然消失在眼前
我既錯愕又恐懼
我必須快速逃離

遠處傳來他的聲音
說他根本就不存在
是我的心魔看到他
是我的心魔殺了他

我責問自己的良知
我到底犯了什麼錯
難道真愛該被譴責
難道真愛該被判刑

良知告訴了我
是傳統的道德
是現代的法律
形塑我的心魔

心魔盤據我心中
與我的良知激戰
我無力將它驅逐
我終於向它屈服

我帶著無奈放棄真愛
我噙著眼淚向你告別
我不再堅持自己的道理
我只能當個平凡的男人

我猛然從夢中驚醒
我的胸前一陣劇痛
我的雙拳緊緊握住
強壓在我的胸口上

24　愛在細節裏
2020/5/29

走過恩恩愛愛的日子
走過歡歡欣欣的日子
走過辛辛苦苦的日子
走過風風雨雨的日子

你依然不知自己的愛
你依然不知老伴的愛
你依然堅持自己的對
你依然責備老伴的錯

在你人生的下半場裏
請你放慢自己的腳步
請你細思人生的真諦
請你看清生活的細節

讓我們重拾過去的美夢
讓我們實踐當年的初心
讓我們保持生活的熱度
讓我們重燃生命的熱情

讓我們多想想老伴的好
讓我們多體會老伴的愛
讓我們多包容老伴的錯
讓我們多付出自己的愛

有一天當你失去老伴時
你不會哭泣也不會後悔
你會緊握住老伴的雙手
告訴他你的愛永不改變

冬天過了，春天就來了
辛苦過了，幸福就到了
愛在生活的細節裏滋長
愛需要你的付出與呵護

25　你可以傷心不能心碎

2020/11/9

人人都有一顆脆弱的心
家家都有一本難唸的經
你必須經得起考驗
你必須擁有你自己

自從結婚的那一天起
你就走進婚姻的漩渦
你必須隨波逐流
你無法隨心所慾

你不再是他的仙女
他不再是你的英雄
你不再溫柔婉約
他不再甜言密語

你成為他的厭女
他成為你的渣男
你不是他的全部
他只是你的一部

曾經一起走過千山萬水
曾經一起度過風風雨雨
曾經一起打造美麗家園
曾經一起享受人生樂趣

如今，有人累了要休息
如今，有人倦了要新奇
如今，有人傷心欲斷腸
如今，有人心碎了無痕

你害怕單獨相處的日子
你害怕一起對話的日子
你害怕假日不上班的日子
你害怕孩子不在家的日子

你開始不說話
你開始不在乎
你開始不尊重
你開始冷對待

你不能活在停滯的家庭裏
你不能活在無奈的生活裏
你必須重新振作你自己
你必須重新開創新生活

選一個風柔日暖的日子
選一個心情愉悅的日子
一起散步山中的步道
一起漫步海邊的沙灘

一起重拾婚前的記憶
一起喚回甜蜜的回憶
一起規劃未來的理想
一起迎向幸福的人生

夫妻需要彼此關懷
夫妻需要互相體諒
夫妻需要樂苦與共
夫妻需要一起成長

請再給自己一次機會
請再給自己一次愛戀
請再給自己一次希望
你不能從此放棄

你可以孤單；可以無助
你可以委屈；可以無奈
你可以傷心；可以哭泣
你千萬不能心碎

26 安慰
2019/8/31

在找不到出口的夜晚
你受盡委屈地哭泣
你孤獨無助地吶喊
你無法成眠直到清晨

我深刻感到你的痛苦
我只能用心靈擁抱你
我只能用文字安慰你
希望帶給你一點溫暖

為你寫一首詩
要你拋開邪惡的人
要你忘掉過去的事
要你盡速作回自己

只有自己能夠理解自己
只有自己能夠拯救自己
只有自己能夠找到幸福
要勇敢走自己的人生路

邪惡只會傷害脆弱的心靈
邪惡無法損害堅強的意志
一時的屈服不是真正屈服
黑夜過去，黎明就會到來

27　請向伴侶說一句道謝
2020/3/16

不同的人有不同的想法
不同的人有不同的做法
不是你說的話就算數
不是你做的事就是對

你說真心的付出不需要被道謝
需要被道謝的付出不是真付出
你所做的一切都是心甘情願
你從未要求別人道謝或讚美

你或許認為伴侶說的話不重要
你或許認為伴侶做的事無意義
你或許認為伴侶的付出沒價值
你因此不需要道謝也不必讚美

伴侶細心體貼的照顧就是付出
伴侶舉手之勞的幫助就是付出
伴侶平淡無奇的陪伴就是付出
伴侶與你同心的孝順就是付出

你的接受就是伴侶的付出
你的要求就是伴侶的付出
伴侶的付出都是為你的好
伴侶的付出都是自我犧牲

夫妻必須彼此同理
夫妻必須彼此付出
夫妻必須互相感謝
夫妻必須互相讚美

伴侶的付出不是理所當然
伴侶的無為不是情有可原
你必須感謝伴侶的付出
你必須譴責伴侶的無為

你一句真心的感謝
造就伴侶更多付出
你的沉默或是冷漠
造成伴侶不再付出

或許你不需要伴侶的付出
或許伴侶的付出多此一舉
或許伴侶的付出弄巧成拙
你都必須感謝伴侶的心意

你可能不在乎伴侶的付出
你可能不理會伴侶的付出
你可能在心中默默地感謝
你可能拙於表達感謝的話

如果你不說一句感謝的話
伴侶的付出就得不到肯定
如果你不說一句讚美的話
伴侶的付出就得不到獎勵

請向伴侶說一句感謝
請向伴侶說一聲讚美
你將會得到更多回饋
你將會享有更多幸福

28　母親節 I
2019/5/10

又是一年一度的母親節
又是贈送康乃馨的節日
又是感謝母親辛勞的節日
又是要對母親說：媽媽，我愛你的節日

多少日子，母親曾用生命孕育你
多少日子，母親曾用生命養育你
多少日子，母親曾用生命保護你
多少日子，母親曾輕握你的手，低唱她的歌，陪你入夢

多少日子，母親曾用愛傾聽你的訴說
多少日子，母親曾用愛撫慰你的委屈
多少日子，母親曾用愛包容你的錯誤
多少日子，母親曾用愛幫助你的成就

在過去的日子裏，你是否關心過母親的生活
在過去的日子裏，你是否關心過母親的寂寞
在過去的日子裏，你是否關心過母親的健康
在過去的日子裏，你是否關心過母親思念你的心

在過去的日子裏，你是否每一天都與母親通話
在過去的日子裏，你是否經常回家探望母親
在過去的日子裏，你是否帶過母親去看病
在過去的日子裏，你是否帶過母親去旅遊

總有一天，母親會行動不便
總有一天，母親會臥病在床
總有一天，母親會需要你的照顧
你是否會犧牲自己的幸福，悉心陪伴母親

總有一天，母親會躺在醫院的病床
你必須決定：是否手術、是否化療、是否氣切、是否拔管
你是否可以明確決定
還是猶豫不決，只有哭泣

總有一天，母親會離你遠去
你是否有許多與母親一起生活的點滴
你是否有許多與母親一起歡笑的記憶
你是否有許多畢生難忘的回憶

母親是春天的微風
母親是冬天的陽光
母親是夜空的星辰
母親是暗中的明燈

在一個屬於母親的節日
請用你的愛緊緊擁抱母親
請用你的愛深深思念母親
母親是世上唯一真心愛你的人

29　母親節 II
2020/5/10

母親節是你與母親的節日
是要你對母親關愛的節日
是要你對母親感謝的節日
是要你對母親懷念的節日

母親節不是要慶祝的節日
不是要你歌頌母親的節日
不是要你贈送禮物的節日
不是要你歡樂聚餐的節日

如果你每天都讓母親放心
如果你每天都讓母親安心
如果你每天都讓母親開心
就不必在母親節表達孝心

如果你無法每天陪伴母親
就要在母親節與母親相聚
向母親問一聲阿母您好嗎
對母親說一句媽咪我愛您

母親若已離世
請你不要感歎
請你不要悲傷
請你不要哭泣

你依然可以表達你的思念
你依然可以表達你的感謝
你依然可以表達你的愛心
你對母親的愛將永不消逝

請你告訴母親你很想她
請你告訴母親你很幸福
請母親不要再為你操心
請母親要安享天國之樂

一樣的母親節
有不一樣的人
有不一樣的情
只有一樣的心

你在慶祝自己的母親節時
當你在祝福別人的母親節時
是否想到那些失去孩子的母親
是否想到那些失去母親的孩子

母親永遠是你心靈的依靠
你永遠是母親心中的寶貝
不管是在人間或是在天上
母親與你永遠是心心相連

30　太麻里的金針山

2020/9/22

太麻里的金針山
海拔 1340 公尺
有溪流與峽谷
有山峰與高亭

忘憂草有遊子的孝心
忘憂草有慈母的愛心
金針花是親情的象徵
金針花是遊客的賞心

滿山遍野的金針花
滿山遍野的遊客潮
多少人是要尋找親情
多少人是要照相留存

如果母親還健在
我不會再度遠遊
我不會再讓母親孤單
我不會再讓母親憂慮

我會在住家後院
種滿忘憂草
讓母親每天看它長大
讓母親每年看它盛開

在青山農場的咖啡室
突然間濃霧籠罩
室外一片迷濛
我想起了母親

作者簡介

蔡宏昭

學歷：
國立中正大學社會福利學博士
美國西雅圖大學教育學碩士
日本早稻田大學經濟學碩士
國立政治大學法學學士

主要著作：

《醫療福利政策》，1998 年 7 月，桂冠

《勞工福利政策》，1998 年 10 月，桂冠

《老人福利政策》，1998 年 10 月，桂冠

《社會福利政策》，1998 年 10 月，桂冠

《超越福利國家》（與王順民、郭登聰合著），
　1999 年 9 月，揚智

《生活經濟學》，1991 年 2 月，遠流

《社會福利經濟分析》，2004 年 2 月，揚智

《幸福人生》，2022 年 11 月，商鼎

《愛情・婚姻・家庭》，2022 年 11 月，商鼎

《社會正義與社會評論》，2022 年 11 月，商鼎

《公共福利最適原理》（出版中）

國家圖書館出版品預行編目（CIP）資料

愛情 . 婚姻 . 家庭 / 蔡宏昭作 . -- 第一版 . -- 新北市：
商鼎數位出版有限公司 , 2022.11
　　面；　公分

ISBN 978-986-144-215-0(平裝)

1.CST：戀愛　　　2.CST：婚姻
3.CST：兩性關係　4.CST：家庭關係

544.7　　　　　　　　　　　　　111016997

愛情・婚姻・家庭

作　　　者　蔡宏昭

出版統籌　陳玉玫

發 行 人　王秋鴻
出 版 者　商鼎數位出版有限公司
　　　　　地址／235 新北市中和區中山路三段136巷10弄17號
　　　　　電話／(02)2228-9070　傳真／(02)2228-9076
　　　　　郵撥／第50140536號　商鼎數位出版有限公司
　　　　　商鼎數位出版：http://www.scbooks.com.tw
　　　　　網路客服信箱：scbkservice@gmail.com

編輯經理　甯開遠
執行編輯　陳資穎
封面設計　商鼎數位出版有限公司
內文編排　商鼎數位出版有限公司

出版日期　2022年11月8日　第一版／第一刷

商鼎官網

商鼎